JN409401

탐라의 풍경

탐라의 풍경

부진섭 수필집

수필과비평사

■ 머리말

제주 오름과 곶자왈 등을 다니다 보니, 이 모든 것들이 보물처럼 다가왔습니다. 그 오묘함에 반해 눈과 귀, 마음까지 열어놓아 보고 들으며 느끼게 됩니다.

그 오묘함을 제대로 담아내지 못하는 자신과 싸우다 그 현장에 여러 차례 다시 찾아가기도 하였습니다. 마주할 때마다 다르게 다가오는 사물들을 어느 한 가지 측면만으로 표현하지 못해서 다시 계절마다 찾아갔습니다. 마주하는 횟수가 늘어나면서 다가오는 여운이 새롭게 감돌면서 가슴을 뛰게 합니다. 때로는 훼손된 자연의 모습에 마음 아프기도 했지만 언제 어디서나 내 삶의 일부처럼 마음을 채워주었습니다.

다양하게 녹아난 정감들을 마주하며 제주의 자연을 따라다닌 세월이 십 년이 넘었습니다. 표현하고 싶은 마음은 넘쳐나는데, 제주의 다양한 풍경을 제대로 포착하여 작품으로 만들 수 없음이 안타까울 뿐이었습니다.

숙성시키는 기간이 길어질수록 품격 높은 술이 되듯이 제 글도 보다 나은 작품으로 드러나기를 바라는 갈망에 쌓이게 됩니다. 오랜 기간 동안 술독에서 쉬지 않고 기포가 생길 때를 기다렸습니다. 사람마다 입맛과 취향이 다르겠지만, 빚어놓은 맛과 향에 취해 흥을 돋우는 약술이 되기를 바랄 뿐입니다.

『탐라의 풍경』, 『가버린 세월 속에서』 두 권의 책이 나오기까지 주변에서 도와주신 분들에게 깊은 감사를 드립니다. 특히 작품을 마무리하는 동안 애정과 관심으로 도와준 소중한 가족은 늘 정신적으로 함께하였습니다. 두 아들이 태어나면서 느끼던 산고의 고통을 새삼 되새기며 늦둥이로 태어난 자식처럼 탈고한 작품을 가슴에 품어봅니다.

2018년 10월

부진섭

| 차례 |

1부 | 우리의 휴식처

2부 | 혼자 걷던 길

3부 | 윗세오름의 풍경

4部 | 예술이 머무는 공간

5부 | 자연과의 공존

6부 | 머물고 싶은 곳

1부

우리의 휴식처

연못의 울림

곶자왈 깊숙이 들어섰다. 편히 쉴 수 있는 팔각정 맞은편에 연못이 있다. 군락을 이룬 식물로 다가가 보니 순채라고 한다. 햇살이 거울처럼 연못을 비추어 밑바닥까지 다 보인다. 잎을 매단 뿌리들이 사방으로 가지를 치며 공간을 채우고 있다. 유유히 헤엄쳐 다니던 개구리가 인기척에 놀라 숨어 버린다. 소금쟁이 등 다른 생물들은 식물 사이에서 한낮의 휴식을 취하듯 물결 원을 그리며 노닌다.

자세히 살피던 우리 일행을 지켜보던 주민이 "조금 더 가면 인위적으로 만든 큰 연못이 있다."라고 한다. "거리는 얼마나 되나요?" "십 분쯤 걸립니다." 그 정도야, 하고 서로 찬성하자 앞장선다. 한 가지라도 더 알리려고 자청해서 애쓰는 주민을 만난 것도 행운이었다.

가리키는 연못을 보는 순간, 좀 전에 보았던 연못과 너무나 대조

적이다. 곶자왈에서 오래전 사람이 살아가면서 먹고 사용하던 생활 터전이었다. 동백동산에서 삶의 중심이 되던 연못이었으리라. 사람이 사용 안하고 멀리하면서 누구도 거들떠보지 않았을까. 자세히 보니 형체를 알아볼 수 없는 물체가 흐물흐물 썩어서 떠 있다. 물체로 인한 잔해물인가. 연못 전체에 기름이 둥둥 떠 있다.

주민을 따라간 개가 그 주변에서 죽어있는 새를 발견하고 다가가자 새에 대한 식견이 높은 김 선생이 "아니 저것은 팔색조다." 하며 가시덤불도 마다않고 개보다 먼저가 건져 올린다.

새를 살피던 선생이 "숲 속에 사는 새가 왜 죽었을까요?" 한다. 나는 "오염된 연못이 원인이 아닐까요." 하자, 일행이 동시에 연못을 바라본다. 누군가 아직 수초가 남았기에 새가 먹었다고 죽지 않는다고 한다.

같은 장소에서 같은 사물 앞에서도 바라보는 눈과 마음이 다른 것이 인간사다. 직업과 나이와 성별이 다르고 삶이 달라서일까. 어쩌면 대자연의 진리는 있는데, 서로 막연한 의문을 안고 살아가고 있는지 모른다.

오래전 빗물을 받아 사용하기 위해 인위적으로 깊이 파서 만들었다. 더 이상 사람이 사용 안 한다면 본래의 모습을 되찾아 주어야 하는 게 아닌가. 고였던 물이 자연스럽게 순환하는 여건을 만들어

주어야 서식하던 수초와 생물이 제대로 자라날 수가 있으리라.

순환이 되지 않기에 고인 물이 썩어가고 있다. 계속 이대로 둔다면 어떤 현상이 일어날까. 큰비가 와서 주위에 넘쳐나면서 다른 자연까지 피해가 이어진다. 세월 따라 반복적으로 오염된다면 알 수 없는 원인을 제공하는 범주가 된다. 숲 속에서 신선한 공기와 자연만 생각하다가 오염되고 있는 연못을 마주하게 되자 많은 생각이 이어진다.

자연은 언제 어디서나 자기 양만큼만 받아들이지, 인간처럼 탐내어서 저장하거나 가두지 않는다. 섭리에 따라 많으면 나누고, 부족하면 자생력으로 자유자재로 순환하고 있다.

순환되는 연못은 비가 오면 빗물은 밑으로 내려가면서 고였던 물은 햇볕을 받아 따듯하였기에 위로 올라온다. 바람 따라 일렁이는 물결이 낮은 곳으로 내려간다. 그뿐만 아니라 살아 움직이는 생명들이 흔들리는 힘으로 불순물까지 떠밀려 같이 흘러내려가고 있다.

연못이란 공간에서 기후와 생물과 수초가 서로 돕고 도움을 받으며 군락을 이루고 있다. 너무나 맑고 깨끗한 연못이라서 수초 뿌리들까지 다 보인다. 뿌리 사이사이 생물이 움직이는 파동도 한 치의 오차도 없이 물결이 일렁인다.

연못 주변 바위에 앉았던 개구리가 인기척에 연못으로 뛰어내리는 순간 잔잔했던 물이 파동을 일으킨다. 찰나의 움직임도 연못 전체 울리며 변화로 물이 낮은 곳으로 넘치고 있다. 연못을 한 바퀴 돌며 낮은 곳에 다가가자 비가 오지 않았는데 촉촉하게 젖어있다. 발길을 옮기자 물이 자박자박 고인 곳도 있다. 연못의 울림에 따라 고인 물이었다.

기후와 생물의 움직임이 연못 전체 순환하기에 오염되지 않고 있다. 연못 위에 손바닥을 놓았다. 순간적으로 피하지 않을 만큼 따뜻하다. 밑으로 내려갈수록 차갑다. 오염된 연못을 보면서 순환되는 연못에서 자세히 보고 생각하며 왜? 오염되었는지 확인하는 기회가 되었다. 오염된 깊은 연못은 큰 폭우가 쏟아지기 전에는 가득 채워질 수가 없다. 긴 세월 순환이 안 되는 현상이 이어지면서 점점 오염되고 있으리라.

살아 움직이는 생물의 움직임에 따라 순환되는 연못은 사소한 파동에도 연못이 넘치는 현상이 일어나고 있다. 넘친 양만큼 주변 자연들에게 나눠주면서 서로 공생하고 있다. 영양을 받은 자연은 다른 곳의 나무들과 달리 풍성하면서 생생하다. 서로 순환하는 자연의 섭리를 제대로 보여주는 연못의 울림을 확인하는 날이 되었다.

수악길을 걸으며

몇 년 전부터 한라산 둘레길이 선보이기 시작하였다. 소식을 들으며 가고 싶어도 쉽게 접할 수가 없었다. 다행히 신협 오름동아리에서 추진한 '돈내코 수악길'을 걷는 날이다. 뜨거운 햇살을 감싸는 숲 속에 들어갈 수 있는 날이면 마구 설렘을 안겨준다. 사방 어디를 보아도 자연이 우거져 저마다 다르게 선보인다. 숲의 향기와 소리에 귀 기울이다 보면 세상을 엿볼 수 있는 기회가 이어진다.

제주에서 밭과 밭 사이에 경계선으로 사용하는 돌로 쌓은 부분이 많이 보인다. 자료를 찾다보니 일제 강점기에 토지조사 당시 신고한 산림지와 국영목장지 수탈을 위해 국유지와 사유지로 구분해 쌓은 돌담이었다. 결국 살아서도 제자리에 두고 제나라로 가는 지상에서 왜 그리도 악독하게 내 나라에 군림하였을까.

지금은 곶자왈이란 이름으로 보존하고 힐링의 숲으로 이용하고 있다. 일제시대와 태평양 전쟁까지 병참도로로 사용하면서 도민들의 애간장을 태우던 곳이다. 아직도 지워지지 않은 흔적과 상처를 안고 성장하는 자연이 유난히 많이 보인다.

며칠 전 내린 비가 이곳에는 더욱더 많이 쏟아졌을까. 낙엽과 잔가지들이 폭우에 휩싸여 내려가다 나무와 바위에 부딪쳐 멈추었다. 세월 속에서 반복적으로 내리던 폭우의 강도에 큰 나무도 어쩔 수 없나 보다. 생명을 유지하는 원둥치 뿌리 부분까지 앙상하게 드러난 모습들이 많이 보인다. 길로 뻗어 나온 잔뿌리들은 등산객의 발길로 훼손되고 있다. 이중, 삼중으로 훼손되면서 모진 여정을 이어가는 다양한 자연들이 저마다 고난을 설명하는 것 같다.

'저 모습으로 몇 년이나 더 견딜 수 있을까.' 생각하며 걸어가는데 뿌리째로 넘어진 나무가 보인다. 화산재로 쌓인 불모지에 뿌리내린 나무가 스스로 바위틈을 파고 들어가 깊숙이 뿌리를 내리지 못하는 종류였을까. 옆으로 뿌리가 뻗어가면서 수년 자라다 무게를 지탱하지 못하고 넘어진 모습이었다.

불모지에서 제대로 자라난 자연이 얼마나 되겠는가. 바위 위에 뿌리를 내린 생명들은 근원지의 숲으로 이어가고 있다. 이리저리 꼬이고 휘어지면서도 살아남으려고 무단히 애쓰고 있다. 그중에 한 그루의 나무가 거친 차바퀴에 무너져 부딪치던 바위로 넘어졌으리라.

스스로 일어서지 못하자 넘어진 환경에서도 서로 공생하며 성장하다, 바위에서 벗어나면서 다시 허공을 향해 자라고 있다. 수년 고단한 생명을 이어온 과정을 생각하다가 그곳 환경에 더욱더 빠져들게 되었다.

수많은 자연들이 성장하면서 나타난 다양한 생채기들 중에 전신을 다치고 살이 파이면서도 이끼와 담쟁이에게까지 자신을 내어주고 공생하는 나무도 보인다. 소나무 한 그루도 전쟁의 수난을 피해 살아남았을까. 원둥치가 기역자로 휘어지면서 두 개의 가지가 형성되었다. 사람 같으면 앉아서 양팔을 들어올린 자세로 형벌처럼 성장하고 있는 모습이 눈길을 사로잡는다. 토양은 비옥했을까. 튼실하게 자랐다.

앞서가던 사람들이 "멧돼지다!" 하고 서로 외친다. 눈을 돌려보니 재빠르게 도망가고 있다. 먹이 활동이 왕성한 멧돼지는 우리 일행이 가까이 오기 전까지는 땅속 뿌리 사이사이를 파헤쳐 놓았다. 식물이 자라나는데 지장이 있는 것인가. 아니면 빽빽하게 자리 잡은 뿌리로 굳어 있는 땅을 헤집어 놓으면 자연은 숨 고르며 성장하는데 도움이 될까. 멧돼지 똥을 보고 있노라니 한 공간에서 서로 주고받으며 공생하는 부분도 있다고 생각해 본다.

수십 년 전, 병참도로로 달리면서 자연을 거칠게 할퀴며 지나다니던 길이다. 자연의 재해까지 수없이 겹치면서 자연은 생채기를 간직할 수밖에 없다. 많은 고난을 짊어지고 있으면서도 당당하게 성장하고 있다. 고통과 슬픔의 역사를 품고도 시대에 따라 만인을 위해 맑은 공기와 그늘로 자비심을 베풀고 있다. 무한한 자연의 세계를 어찌 정해진 외길로 걸어 나오면서 다 안다고 할 수가 있겠는가. 눈에 들어오는 자연들을 엿보는 것만으로도 긴장하게 하던 생태숲이었다.

산정호구

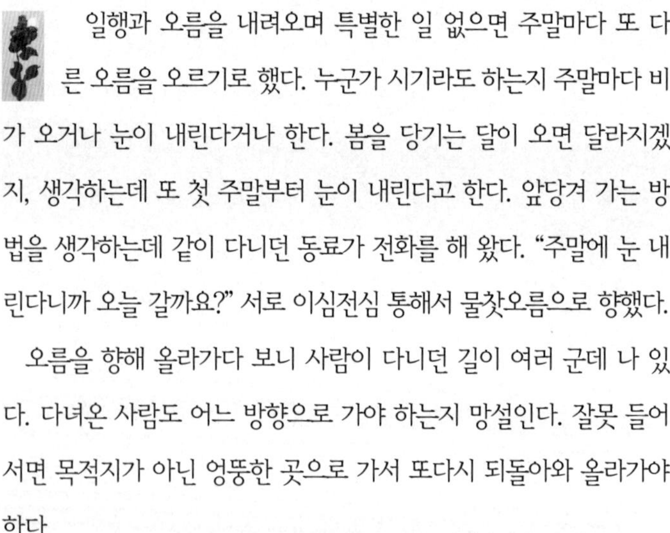

일행과 오름을 내려오며 특별한 일 없으면 주말마다 또 다른 오름을 오르기로 했다. 누군가 시기라도 하는지 주말마다 비가 오거나 눈이 내린다거나 한다. 봄을 당기는 달이 오면 달라지겠지, 생각하는데 또 첫 주말부터 눈이 내린다고 한다. 앞당겨 가는 방법을 생각하는데 같이 다니던 동료가 전화를 해 왔다. “주말에 눈 내린다니까 오늘 갈까요?” 서로 이심전심 통해서 물찻오름으로 향했다.

오름을 향해 올라가다 보니 사람이 다니던 길이 여러 군데 나 있다. 다녀온 사람도 어느 방향으로 가야 하는지 망설인다. 잘못 들어서면 목적지가 아닌 엉뚱한 곳으로 가서 또다시 되돌아와 올라가야 한다.

일행을 따라 올라가다 보니 거목들이 뿌리째 완전히 뽑히거나 반쯤 뽑혀 있는 나무도 있다. 의자 대신 앉아 쉬면서 ‘거센 태풍이 불던 날 다양한 모습으로 무너졌을까.’ 하고 사람이 다니는 길과 안 다니는 곳을 비교하다 보니 의문이 풀린다.

그동안 얼마나 많은 사람들이 길을 이용했으면 멀쩡하게 서 있던 나무들이 쓰러지고 있을까. 사방으로 뻗어나간 뿌리도 반쯤 드러나거나 일부는 완전히 드러나 있다. 사람으로 인해 훼손된 자연은 다시 자연재해 태풍에 무너지고 있다.

제주에 산정화구호가 몇 개 안 되는 물찻오름에 도착했다. 넓고 깊어 보인다. 붕어와 개구리, 물뱀 등이 서식하고 있단다. 투명하게 얼렸으면 물 깊이를 대강 감지할 수도 있으련만, 눈이 내리는 대로 녹지 않고 얼렸다. 자연이 없는 언저리까지 쌓인 모습은 보름달이 내려앉은 것처럼 원형이었다. 미지의 세계처럼 아무런 발자국도 지나가지 않았다.

다양한 짐승과 새들이 지나가기 전에 먼저 시도하고 싶은 마음에 나도 모르게 큰 돌을 들고 힘차게 던졌다. "퉁~" 하고 단단하게 받아치는 소리가 난다. 울림만으로는 호구 깊이와 얼음 강도를 전혀 감지할 수가 없어 답답하다. 사방을 살펴보고 있노라니 자연의 섭리를 억지로 거슬리려는 무모함을 일깨워 주듯, 산정호구에 햇빛이 비추며 온통 보석처럼 반짝인다. 따스함이 며칠 내려앉으면 눈이 녹아내려 호구의 깊이와 생명들이 활기찬 모습으로 펼쳐지면 다시 '오라'고 설명하는 것 같다.

겨울에 올라와 호기심이 생기면서 봄과 여름, 가을에 또 올라오고 싶어진다. 계절마다 보여주는 다양한 모습과 색깔을 감상하기 위해 자주 올라가게 되나 보다. 사람이 즐기는 만큼 자연은 견디지 못하고 하나 둘 계속 무너지는 현상이 일어나고 있다.

훼손되는 모습을 보고 느끼며 안타까워하면서도 다음을 기약하게 하는 자연이다. 다가갈수록 보는 눈의 범위가 넓어지면서 다양한 모습과 향기에 환희를 안겨 준다. 기분 따라 갈망하는 자연이 되어 버렸다.

내려와 식당으로 들어갔다. 불과 사십 분 정도 점심을 먹고 나왔는데 거짓말처럼 온 들판이 하얀 눈으로 덮였다. 순식간에 골고루 쌓이는 모습이 얼마만인가. 아니, 처음 보는 광경이다. 알맞게 부는 바람에 춤을 추듯 사뿐사뿐 모든 사물에 내려앉는다. 자연마다의 개성이 드러나면서 설경이라는 이름으로 순식간에 작품으로 이끌어가고 있다.

오묘한 조화를 포착하기 위해 예정에도 없던 날 그렇게 아침부터 설레게 했나 보다. 집에서 아침 일찍 나왔다면 눈이 내리기 전에 집에 돌아가서 이 아름다운 설경은 놓치고 말았으리라. 천상에서 내리는 눈으로 오묘한 세상으로 만들어가는 풍경이 참으로 신기하다. 자연이 아니면 볼 수 없는 또 다른 세계를 덤으로 얻는 날이 되었다.

비자림

비자림은 친정에 나들이 갔다가 되돌아오는 길에 쉽게 이웃처럼 들어설 수 있는 곳이다. 몇 년 전 입구에 들어서자 비자나무 열매가 내 눈높이에 주렁주렁 열려 있었다. 세월 속에 나무가 너무나 높이 자라서 팔을 올려도 가지를 붙잡을 수가 없다. 열매를 보면서도 자식과 어린 조카들을 단속하느라 무심코 지나쳤던 지난날이 아쉬움으로 밀려왔다. 알맹이는 높은 곳에 아득하게 보일 뿐 가까이에서 볼 수가 없다. 다시 볼 기회를 놓쳐버린 보석처럼 아쉬움에 사로잡힌다.

제주수필아카데미 동료들과 송이로 다져진 산책로를 따라 걷노라니 비자나무들은 나름대로 뿌리를 내리고 저마다의 자태를 뽐내고 있다. 오래된 나무는 수령이 구백 년이 되어간단다. 나머지 나무들은 이백 년에서 사백 년 사이가 많다,

한참 걸어가니 앞전에 와서 보고 감탄하던 터줏대감, 새천년 나

무를 마주하게 되었다. 처음 자리를 잡아 공간이 넓어서인지 사방으로 내밀었던 가지들이 마음껏 풍성하게 자라난 모습이다. 당당함은 언제 보아도 모든 나무들을 관장하는 신목으로 다가온다.

무거운 거목의 무게는 무엇으로 수천 년 이어가는 것인가. 수명이 길게 선택받은 나무는 특별한 장점이 잠재되었을까. 아니면 뿌리에서 양분과 수분을 흡수하여 공급하는 능력이 뛰어난 것인가.

나중에 터를 잡은 많은 비자나무들은 서로 비좁게 분포하였다. 가지를 옆으로 내밀어 키울 공간이 부족하기에 서로 키를 키우는 경쟁이라도 하였을까. 밑에서부터 꼭대기까지 고개를 들어 확인하다보니, 터줏대감 거목에 비하면 아직 둘레는 가늘어도 키만큼은 비슷하게 쭉쭉 올라갔다.

태고의 숨결이듯 혼합된 향기가 전신으로 파고들면서 여름내 찌들었던 세포에 묘약처럼 온몸으로 상쾌하게 퍼진다. 그제야 사방에 분포해 있는 단풍나무와 자귀나무, 팽나무 등 다양한 나무로 눈을 돌리게 된다. 크기도 모양도 향도 다른 자연들이 서로 공간을 채우며 더욱더 풍성한 숲으로 이루고 있다. 서로 앞장서 키우다 보니 점점 깊게 우거진 녹색의 향연으로 펼쳐졌으리라. 신선한 바람으로 편하게 나들이 간 나그네의 땀을 식혀주며 울창한 천연림을 자랑한다.

다른 종류들이지만 서로 공생하면서 따르는 고난을 뛰어넘어 나란히 서서 제 몫으로 꽃을 피우고 열매를 맺는 자연들을 보게 된다. 수명이 긴 비자나무 틈에서 수명이 짧은 수종들이 수없이 태어났다 다시 사라지는 과정의 부산물이 고스란히 깃들어 있는 곳이다. 세월 속에서 해마다 쌓이며 녹아난 가치를 직접 가늠할 수는 없다. 공기로나마 공급받으려고 크게 숨을 고르며 걷다보니 어느새 입구에 도착했다.

그 많은 비자나무 군락지를 한 바퀴 돌고 나와도 그 어디에서도 비자 열매는 낮은 곳에서 볼 수가 없다. 뭔가를 기대하고 마실 나왔다가 지천에 두고도 되돌아가야만 하는 것처럼 조급한 마음이 일렁인다.

들어서면서부터 다행히 밑으로 내려온 가지를 당겨서라도 열매를 보고 싶었다. 보는 눈이 많아 참았던 나뭇가지가 다시 가까이에 다가가는 순간이다. 걸어 나오는 많은 시선들을 아랑곳하지 않고 펄쩍 뛰어 가지를 당겼다. 세 개의 알맹이가 다소곳이 달려 옥구슬처럼 반질반질 빛난다. 그렇게 값지게 다가오는 열매를 누가 감히 훼손할 수가 있으랴. 그렇다고 그 감정을 살려 보석으로 이용할 수도 없다. 아직 덜 익어서 먹을 수도 없다. 알면서도 무엇을 위하는 실행이었을까. 그렇게라도 열매를 감상하지 않으면 다음 나들이에는 더 높이 올라가서 사다리 놓고 올라가기 전에는 마주할 수 없다는 생각에 이르자, 더 이상 다가가는 열망을 멈출 수가 없었다.

그날을 다시 회상하다 보니 아무리 아름다운 보석 앞에서도 그렇게 갈망한 적이 없었던 것 같다. 감정을 살려 내 의지대로 열매의 생김새를 관찰했을 뿐이다. 그런데 왜 그렇게 주변의 눈치를 살피며 어렵게 다가가야만 했던가. 언젠가 자연을 만지며 관찰하는 나의 의도는 물어보지 않았다. 지켜보는 상대는 무조건 훼손한다는 눈빛으로 바라보던 시선이 잠재되었다가 스스로 마음을 옥죄었던 것 같다.

지레짐작으로 바라보는 시선이 다시 다가와 바보가 되어도 자연을 관찰하고 싶은 마음은 어쩔 수가 없다는 생각이었다. 순간적인 열망대로 다가가고 나니 긴장하던 마음은 사라지고 오히려 거대한 산을 한순간에 뛰어넘는 기분이었다. 그날의 기분을 살려 앞으로 자연과 마주할 때마다 내 의지대로 마음껏 관찰할 수 있다면 무엇을 더 원하겠나 싶어진다.

추억이 머문 숲

신문, 방송에서 약수터로 알려진 절물이다. 남편과 그 지역을 지나다 물통을 들고 들렀다. 물줄기가 폭포처럼 강하게 쏟아져 팔다리와 어깨를 풀려고 아주머니들이 일부러 다니던 곳이다. 새로 시설하면서 중심이 되던 폭포가 사라졌다. 졸졸 내리는 물을 보고 있노라니 '절물' 하면 떠오르던 폭포가 사라졌다는 게 아쉽다. 유년시절 친구와 선배가 모여 '땅벌 클럽'이란 이름으로 한동안 나무 심는 활동을 하였다. 도 각처에서 우리처럼 활동하는 단체들이 절물로 집결하였다. 성산읍에서 아침부터 버스를 타고 가다 조천에 내렸다. 마을에서 들판을 가로질러 절물까지 올라가니 해는 이미 서산에 닿았다. 중산간에 버스가 안 다니는 시대였기에 하루가 걸리는 거리였다.

높은 곳에서 걸어간 길을 내려다보았다. 얼마나 많은 사람들이 이용했으면 뚜렷한 길이 나타났을까. 저 멀리 바다와 마을이 보이고, 들판에는 일하는 농부와 소들이 보였다. 그때만 하여도 나무가 자라지 않아서 높은 지대에 서면 해변까지 다 보였다. 이제는 숲으로 가려서 한 치 앞도 가늠하기가 어렵다.

목적지에 도착하자 백여 명이 각 마을마다 텐트를 치고 있다. 사방이 캄캄하고 조용하다. 이름 모를 짐승 소리와 새소리가 으스스하게 들린다. 윙윙 소리 나는 바람은 귀신 소리와 같다며 서로 잠 못 이룬다. 누군가 기타를 치며 노래를 부른다. 서로 모여들어서 노래를 부르며 밤이 깊어가는 줄 모른다.

고사리가 너무나 많은 고단이다. 작은 암자에 살면서 계속 고사리를 채취하던 아주머니들이 밤새도록 삶아내었다. 엄습해오던 분위기 속에 짙은 향이 날아와 사람이 살아가는 온기처럼 수면제 역할을 하였다.

수십 년 만에 들어서자 유년시절에 심은 나무가 사방을 가리는 숲이 되었다. 나무 사이에 여러 가지 시설이 들어섰다. 음식을 먹거나 운동하는 사람도 보인다. 음악이 들리고 수많은 사람들과 자동차로 인해 도시 속 공원을 연상하게 한다. 쭉쭉 올라간 나무들은 꼭대기는 보이지 않고 둥치는 내 허리보다 더 굵었다.

십 명이 한 조가 되어서 양쪽에서 두 사람이 표시된 로프를 옮길 때마다 호미 길이만 한 소나무와 삼나무를 심었다. 돌과 여러 가지

뿌리들이 많아서 지장이 많았다. 고통을 아는지 모르는지 감독은 빨리 심으라고 다그쳤다. 각 대표들이 "무조건 외치면 어떻게 합니까? 방해물이 많아서 속도를 낼 수가 없다."라고 하자 기간 동안 이곳에서 물장올 앞까지 넓은 대지를 다 심어야 한다고 그 자리에 심지 못하면 피해서 빠짐없이 심기만 하면 된다고 설명하였다.

한참 심다가 뒤를 돌아보던 나는 "나무 심은 줄이 엉망입니다." 하고 말했는데도 대표는 "시키는 대로 심었으니까 괜찮아." 하며 이미 모든 걸 파악한 것처럼 당연하게 받아들인다. 하루 일과를 마무리하고 폭포가 흐르는 곳으로 간다. 물살이 강해서 위에서 씻으며 흙탕물이 내려와도 금방 내려간다. 언제나 깨끗하고 맑은 물이 넘쳐 나는 폭포였다. 이전의 모습은 옛날이야기가 되어 버렸다.

세월 속에서 그 작은 나무들이 쭉쭉 자라서 그 넓은 대지가 제주에 중심이 되고 있다. 세월만큼 자연도 많은 변화를 가져왔다. 자연이 관광지로 변화를 가져온다는 걸 미리 알았다면 적극적으로 줄지어 심지 않았을까. 들어서면 사방에서 바람이 통하고 더욱더 '돋보이는 숲이 되지 었으리라.' 하고 생각하다 보니 이 지역과 제대로 심은 지역과 비교하고 싶어진다.

당시 고향에 심은 소나무들을 확인하러 가면서 학생들이 줄지어서 있는 것처럼 쭉쭉 자랐으리라 상상하며 도착했다. 작은 '왕미' 오름에 심은 소나무들은 산불에 사라졌다. 두산봉에 심은 소나무도 한 쪽은 산불에 사라지고 말았다. 남아있는 나무도 줄지어 자라난 곳이 별로 없다. 자라나는 대로 목재로 사용했을까. 큰 소나무보다 작은 나무와 가시나무가 뒤엉켜서 복잡한 숲은 답답하기만 하다.

같은 시기에 제대로 심은 나무도 제대로 성장하지 않았다. 오히려 절물과 물장올 부분에 되는 대로 심은 나무들이 비슷한 크기로 제대로 자라고 있다는 것만으로 다행이다 싶었다. 나무를 심을 때 감독이 "나무들이 자라면 홍수와 태풍을 막아주는 역할을 한다." 는 설명을 들으면서도 막연하게 받아들였다.

어느 날이다. 다른 지역이 산사태로 무너지고 홍수가 넘쳐나서 많은 인명 피해를 입는 현장을 보게 되었다. 그제야 제주에 심은 나무들을 떠올리게 된다. 삼나무 숲속에 들어서자 지난날들이 빠르게 스쳐 지나간다.

수년 전 사소한 일상으로 심었던 나무들이 숲을 이루면서 제주섬에 홍수와 산사태를 막아주는 역할을 하고 있다. 그리고 향이 폭포 물줄기처럼 퍼지며 건강에 도움이 되는 피톤치드 나무로 알려졌다. 나무가 광활한 숲으로 이어지면서 다양한 둘레길로 이용하면서 전국적으로 자연의 천국으로 이끌어가는 역할을 하고 있었다.

곶자왈 숲속에서

어느 해 가을이다. 갈망하던 동백동산에 처음 들어섰다. 꼭대기가 잘 안 보이는 큰 나무에서부터 바위에 생긴 미세한 이끼까지 다양한 생명체들이 반긴다.

자연을 벗삼아 여유 있게 오고가는 사람들이 보인다. 우리 일행도 간식을 먹으며 오염되어 가는 지하수 문제와 감미로운 공기가 사라지는 산간 지역의 현실을 주고받게 되었다. 여류수필 회원인 K 선생이 곶자왈에 들어서면서 초기에서부터 다양한 식물을 설명하여 주기에 자연의 세미나에 초대 받은 기분이다.

덤으로 보물을 찾기라도 하듯 조밤을 줍게 되었다. 수입 농산물로 불안전한 요즘 여성들에게 자연산 열매를 얻는다는 것보다 더 좋은 흥미가 어디 있겠는가. 작아서 자꾸 내 손에서 벗어난다. 아깝다는 생각과 동시에 메마른 낙엽 사이로 사라져가는 조밤을 따라 내려갔다. 낙엽이 촉촉하다, 중간에는 물이 흥건하게 고였다.

보는 순간 자연의 근원지라도 발견한 듯 가슴이 마구 뛴다. 나도 모르게 파헤치기 시작했다. 밑바닥까지 내려가자 땅 대신 바위가 나온다. 바위틈에 자리잡은 구실잣밤나무는 척박한 환경에서 풍성하게 성장한 과정을 설명하고 있다. 계절마다 내리는 비와 이슬이 쌓여진 낙엽에 가두고 서서히 물줄기가 나무뿌리까지 내려가서 성장하는 데 많은 도움이 되었으리라. 나머지 빗물은 서서히 정화하며 지하로 내려가게 된다.

해마다 한잎 두잎 떨어지며 쌓인 낙엽은 나무에 순환의 길을 열어주고 겨울에는 따뜻하게 감싸주고 있다. 낙엽이 썩으면서 밑거름 역할을 하면서 자급자족하고 있다. 기후와 자연이 서로 조화를 이루고 초석으로 다지며 주어진 대로 묵묵하게 지하세계까지 이어가는 곶자왈이었다.

곶자왈은 제주도 전체 면적의 7%라고 한다. 지하수 문제가 나오면서 함부로 범접할 수 없는 천혜의 자원이 되었다. 지하수가 한정된 제주에서 인구가 늘어나고 해마다 관광객이 늘어나면서 지하수 소비량이 수십 배로 늘어나고 있다. 그뿐만 아니라 바다로 내려가는 용천수로 사용하다 가정마다 상수도가 시설되었다. 집안에서 편하게 사용하는 대신 지하수가 고갈된다는 소식을 자주 듣는 일상이 되어 버렸다. 이대로 가다가는 한정된 지하수이기에 몇 십 년 앞당겨 고갈될 수도 있다는 연구 결과를 K 선생이 열심히 설명하고 있다.

물 없는 생활은 할 수 없기에 여성들을 더욱더 긴장하게 한다. 무분별하게 이어지는 개발로 자연이 훼손되면서 덩달아 환경 문제까지 이어지고 있다. 이제는 중산간 지하수도 오염된 곳이 대부분이라고 한다. 청정하고 아름다운 제주 섬이 어쩌다 이 지경까지 되었을까.

이중, 삼중으로 문제를 받아들이며 견디다 못한 자연과 지하수는 사람을 향해 질타하는 것만 같다. 알면서도 인간의 삶 속에서 해결책이 나오기에는 너무나 멀리 와 버렸을까. 말이 없는 지상이기에 아직도 알게 모르게 개발하고 있는 중산간이다. 남아있는 곶자왈은 지하수뿐만 아니라 환경적 생태 가치까지 지녔다. 세계적으로 소중한 자연 유산으로 보존하게 된 것이 얼마나 다행인가.

지나친 개발을 통제하면서 자연의 가치를 있는 그대로 살리는 역할을 하게 된다. 습지와 식물을 연구하는 K 선생이 현장에서 자세히 설명하기에 곶자왈의 중요성이 더욱더 절실하게 다가온다.

자연은 무단히 초심을 지키며 숭고함이 내재되었다. 다 드러내지 않고 더러는 숨겨진 매력이 내일을 기약하게 한다. 일상에서 다양한 환경문제와 지하수 문제로 답답하던 마음이었지만, 무한한 가능성을 지닌 곳에서 불안전한 마음을 달래는 날이 되었다.

분화구의 계절

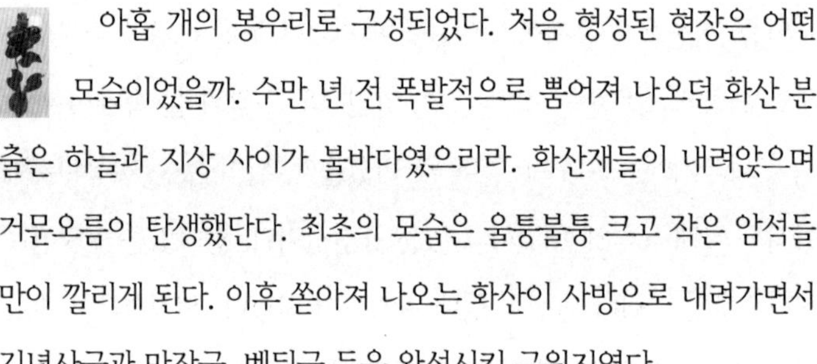

아홉 개의 봉우리로 구성되었다. 처음 형성된 현장은 어떤 모습이었을까. 수만 년 전 폭발적으로 뿜어져 나오던 화산 분출은 하늘과 지상 사이가 불바다였으리라. 화산재들이 내려앉으며 거문오름이 탄생했단다. 최초의 모습은 울퉁불퉁 크고 작은 암석들만이 깔리게 된다. 이후 쏟아져 나오는 화산이 사방으로 내려가면서 김녕사굴과 만장굴, 벵뒤굴 등을 완성시킨 근원지였다.

얼마나 다양한 사연이 담겨져 있기에 해설가는 입구에서부터 열강을 하고 있을까. 성글게 쌓여있는 돌무더기 속으로 세상의 잔해물들이 날아와 동고동락하게 되었으리라. 메마른 불모지에서 기후에 따라 자연림으로 형성되기까지 얼마나 많은 세월을 담았을까.

사람이 이 섬에 살기 시작하면서 생활에 필요한 땔감을 찾아 곶자왈로 들어가게 마련이다. 숯을 굽고 삶의 터전으로 이끌어간다. 조용하고 평온한 산천에 난데없이 일본군이 태평양 전쟁기지로 삼았다. 오름 곳곳에 갱도진지 동굴을 파야만 하고 병참도로를 만들면서 수천 명의 군홧발로 짓밟히던 곳이었다. 당시 이 지역에 살던 사람들은 전쟁이 끝날 때까지 군인들과 강제 노역으로 수많은 과정을 함께해야만 하기에 슬픔과 고통이 고스란히 녹아난 곳이었다.

파란만장했던 현장이지만 지금은 사람뿐만 아니라 다양한 야생동물과 새들의 지상낙원으로 알려졌다. 자연은 역사를 끌어안고 자신의 치부처럼 대자연의 위력으로 가리고 있다. 섬 전체를 위협하던 사건이지만 세월 속에 파묻혀 잊어간다. 학술 조사로 사방에 나타난 오름의 실체를 해설사가 멈추고 설명한다. 제주수필아카데미 회원들과 서로 다가가 당시를 상상하며 보고 느끼게 되었다.

수십 년 자연을 키워온 곶자왈과 구별되는 능선에는 삼나무를 심었다. 곶자왈에 비해 토질이 좋아서 빠르게 자라나면서 오름 전체가 울창한 숲으로 이루어졌다. 나무테크로 만든 탐방로는 자연과 사람의 경계선이 되면서 훼손까지 방지하고 있다. 편하게 걸으면서도 여름에 습도가 높아서일까 땀으로 흠뻑 젖었다.

큰 바위 틈으로 풍혈이 나오는 앞에 서자 여름에 특별한 선물처럼 너무나 시원하다. 개인적으로 갔으면 더 머물고 싶었다. 지상에 살면서 마주하는 바람의 느낌과 다르다. 큰 바위가 숨골을 덮었다. 그곳에서 일어나는 수많은 작용에 의해 수십 번의 지각 변동으로 인해 최종적으로 형성된 곳이었으리라.

수만 년의 세월 속에서도 심장이 살아있는 사람처럼 숨을 쉬고 있다. 솔솔 불어오는 바람은 맑고 깨끗한 산소처럼 안겨준다. 깊이는 얼마나 될까. 용암 협곡과 수직 동굴이 삼십 미터가 넘는다고 한다. 그 깊이만큼이나 형성되었을까. 지하 깊은 곳에서 일어나는 미지의 세계를 볼 수는 없다.

제주에는 몇 년 전 만해도 해변에 살다가 산간지역에 들어서면 시원한 바람이 주인처럼 반겨 주었다. 우리가 살고자 하는 개발이 이어지면서 머물던 바람은 더 이상 갈 곳 없어 지하로 내려갔을까. 이젠 정말 지하세계에서나 느낄 수밖에 없는 시원한 바람이다. 아무리 메마른 불모지라도 자연이 자리잡으면서 스스로 길을 찾으며 수많은 생명을 잉태하고 숨을 쉬고 있다.

부지런히 걸어 나오는데 봄에 고비로 솟아나는 고사리가 여름에야 홀로 서 있다. 믿어지지 않을 만큼 우후죽순처럼 쭉쭉 높이 올라와 나무테크 너머로 고개를 내밀었다. 흙도 없는 바위틈에서 뿌리를 내려 생존하기까지 수년 동안 수많은 고난이 따랐으리라. 봄을 잉태하고도 계절에 따라 드러나지 못해서 늦게야 존재한 모습은 분화구에 머물고 있는 계절을 설명하는 것 같다.

많은 모습을 직접 보고 들으며 지난날의 아픈 역사까지 느끼면서 복잡한 마음에 머물고 있었다. 또 다른 풍혈이 흐르는 곳에 앉아 해설가의 설명을 들으며 쉬게 되었다. 시원한 바람이 피부 깊숙이 파고 들어가면서 때늦은 고사리와 심장처럼 느끼던 풍열이 예사롭지 않게 다가온다.

거문오름 분화구만이 지니고 있는 현상이다. 지하 세계에서 나오는 기운을 느끼며 나름대로 지하의 세계를 상상하게 된다. 돌과 돌 사이 공간으로 형성된 숨골에서 나오는 바람이다. 내부의 모습을 상상하다 보니 거문오름 최초의 모습이 궁금했다. 수만 년 전 화산의 분출로 지상에 바위로 쌓이고 쌓이면서 형성된 세계다. 현무암이기에 더욱더 공간과 공간이 생기면서 여름에 시원하게 나오는 산소였다. 곶자왈의 생명줄처럼 붙잡고 분화구의 실체를 생각하며 확인하는 계기로 삼았다.

우리의 휴식처

토지 활성화 가치가 떨어지고 생산성이 낮은 땅으로 인식되던 곶자왈이다. 땔감을 사용하던 시대가 변하면서 전기와 가스로 사용하게 되었다.

사람과 자연의 경계선처럼 곶자왈과 점점 멀어지는 삶이 이어진다. 발길이 뜸하자 바위틈을 비집고 자라나는 자연들은 진화하면서 다양한 짐승과 새들의 보금자리가 되었다. 다양한 나무들과 백서향 꽃들이 활짝 웃으며 반긴다. 바람에 식생들이 흔들리면서 원시림의 자연성을 자랑하고 있다. 새들이 청아한 목소리로 노래를 부른다. 분위기에 취해서 걸어가노라니 '곶자왈이 없었다면 지금 제주의 현실은 뭔가에 부딪히고 있지 않았을까.' 하고 생각하게 한다.

내 어린 시절 개개인이 재배하고 키우며 자급자족하던 농축업이 사람이 성장하는 속도보다 더 빠르게 기계화로 이끌어가기 시작했다. 인구가 늘어나고 모든 삶이 점차 확산되어 간다. 대량생산이 이루어지면서 전문성을 절실하게 요구하면서 기존의 밭이 부족하다. 초지와 띠를 키우던 들과 산을 밭으로 일구어 갔다. 다양한 농작물과 과실수를 재배하고 점차적으로 경제가 살아나서 농촌에도 혁신적인 물결이 일어나기 시작했다.

해변만 개발하다가 맑은 공기로 제주도 전체를 공급하는 산간 지대를 개발하면서 곶자왈까지 탐내던 사람들이 얼마나 많았던가. 때마침 장성한 곶자왈은 동식물의 생태분야뿐만 아니라 지하수를 만들어가는 보고라고 학술적 가치를 지닌 곳으로 다양하게 발표되었다. 다행히 곶자왈 지대를 지하수 보존지역으로 이끌어갔다. 당시 보존 대신 개발로 이어갔다면 지금 마음 놓고 자연을 즐기는 대신 어려운 생계에 시달리는 삶에 처했는지 모른다.

인구가 늘어나는 만큼 건물과 자동차가 늘어나면서 일주도로가 부족하게 된다. 각 지역으로 내려가는 도로가 수없이 생겼다. 차가 다니는 도로뿐만 아니라 사람이 걸어 다니는 골목길까지 시멘트로 마무리하는 삶이 되어 버렸다. 편리를 추구하는 동안 빗물이 지하로 내려가는 양이 줄어드는 현상이 일어나고 있다.

지하수는 점점 줄어드는데 관광객들은 점점 많아지면서 지하수가 고갈될 위기에 처했음을 신문 방송마다 열거하였다. 그제야 인간의 삶 자체가 지하의 세계까지 연결되었다는 걸 일깨워 준다. 안다고 이미 개발된 삶을 누가 되돌릴 수가 있으랴. 이러지도 저러지도 못하는 현실에서 곶자왈이 존재하지 않았다면 지금의 현실은 어떻게 되었을까. 생각만 하여도 아찔하게 다가온다.

옛날 쓸모없던 불모지가 지금에 와서는 절약해둔 소중한 보물 창고 같은 역할을 하고 있다. 척박한 불모지가 아니었다면 시대와 상황에 따라 이미 밭으로 개발하면서 개인적인 소유지가 되었으리라. 세월이 가면서 지하수가 오염되거나 부족할 수도 있다. 덩달아 숲이 사라지면서 맑은 공기가 사라지는 섬으로 이끌어갔으리라.

우리네 삶에 없어서는 안 되는 소중한 물과 공기다. 오염되거나 부족하면 더욱더 치열한 삶으로 이끌어가게 된다. 다행히 되돌릴 수 없는 재앙이 일어나기 전에 곶자왈을 보존하게 되었으니 얼마나 다행인가. 시대에 따라 삶의 연결고리처럼 끊임없이 안전하게 순환의 길로 이끌어가는 제주의 원천으로 자리잡게 되었다.

인간은 많은 변화 속에서 서로 따지며 망설이는 세월 동안 자연은 이 시대를 대비하듯 풍성한 숲으로 키워내었다. 과정을 통해 지하수는 물론 청정하고 아름다운 제주로 탄생시켰다. 과정이 다 보이지 않지만 살아온 삶을 생각하다 보면 보물보다 더 귀한 무한함이 잠재된 공간이다. 느끼면서도 진작 곶자왈이 어려움에 처했을 때는 어떤 실행에도 동참하지 못했던 지난날들이 아쉽게 밀려온다.

곶자왈 면적이 제주도 전체의 6.1%밖에 안 된단다. 몇 년 전보다 줄어든 숫자다. 함덕신협 이사장은 일 년 전부터 조합원들을 위해 한 달에 한번 오름이나 숲을 걷는 행사를 마련하였다. 이젠 늦게 신청하면 참여할 수 없을 정도로 열의가 대단한 조합원으로 거듭나고 있다. 함덕과 반대 방향인 대정 무릉곶자왈에 들어선 날이다. 자연과 어울리며 많은 걸 보고 생각하는 기회가 되었다. 삶에 활력을 되찾으며 힐링할 수 있는 숲속에서 그날 몇 %나 확인하게 되었을까.

크고 작은 나무와 수없이 많은 덩굴이 복잡하게 헝클어져 어수선하다. 자세히 보면 각자의 개성대로 성장하면서도 우월하다고 따로 성장하는 종류는 없다. 아무리 크고 작은 뿌리라도 서로 나란히 자리 잡아서 연약한 덩굴은 큰 나무를 의지해서 성장하고 있다. 다양하게 의지하며 생존하기에 제아무리 거친 태풍이 불어와도 서로 굳건하게 견디며 성장할 수가 있었으리라. 한 자리에서 평생 기후 변화를 받아들이면서 녹아난 가치가 우리네 삶을 알게 모르게 이끌어 가고 있다.

세 시간 이상 풍요로운 숲을 걷노라니 강건함에 취해 이전에 보고 들으며 긴장하던 모든 문제들을 풀어놓으면 정화시켜 줄 것만 같다. 자연이 아니면 그 무엇이 서로 내세우지 않아도 일괄적으로 이루어지면서 인간 세상에 이토록 크고 넓은 심성을 발휘하여 줄

수가 있겠는가.

'원천의 보고 위에 진화해 온 원시림의 자연을 제주의 자원으로 보다 나은 가치로 키워가는 길은 없을까.' 하고 무한한 꿈을 키울 수 있는 곶자왈이라는 걸 일깨워 준다.

마음을 내려놓은 곳

한라생태숲에 들어섰다. 너무 넓어서 두세 번 들러야 제대로 가늠할 수 있을 것 같다. 곳곳에서 여유 있게 걸어가는 사람들의 모습이 정겹다. 어릴 때부터 자연에서 생활하던 세대이기에 자연 앞에만 가면 소녀처럼 모든 일상을 묻고 푹 빠지게 된다.

수십 년간의 개발로 우리는 빈틈없는 콘크리트 시설에 쌓여 살고 있다. 이글거리는 태양으로 열 받은 도로 위에서 달리는 자동차에서 나오는 공해와 소음에 머리가 아프다. 참다보면 답답해 일 년에 한두 번은 꼭 벗어나고 싶은 갈망에 허덕인다. 치열하게 돌아가는 일상에서 벗어나 관광지를 관람하는 것이 삶의 질을 향상시킬 수 있다며 다녔다.

언제부턴가 관광지에서 보내는 시간과 공간이 마음을 채워주지 않고 답답한 마음도 사라지지 않아서 점점 멀리하게 된다. 이곳 생태숲은 다른 관광지와는 다르다. 드넓은 들판에서 자연과 벗삼아 심리적 육체적으로 쉴 수 있다는 마음이 저절로 우러난다.

아무리 최고의 시설이라도 처음은 새로운 시설에 기대감으로 다가가지만, 두 번째 들르면 생동감 없는 실체들은 무료함으로 다가온다. 그에 비해 제주의 숲은 언제 들러도 조용히 귀를 기울이고 있으면 아련하게 들리는 새소리와 바람 소리가 화음을 이루어낸다. 어느 한 가지로 단정지을 수 없는 오묘함이 자꾸 다가가게 한다. '어떤 나무의 향기인가.' 하고 따라가노라면 다양하게 혼용된 향기가 코끝에 부딪치며 전신으로 스며든다.

우주의 섭리에 따라 서로 의지하며 끊임없이 순환하는 자연이기에 어느 한 가지로 분별할 수 없는 대상이다. 자연 앞에 서면 각각의 형태와 소리, 향기를 찾으려고 다가갈 때마다 다른 소리와 빛깔이 해마다 다르게 나타난다. 과정을 찾아 다가가면 의문은 또다시 호기심으로 되돌아온다. 모든 자연이 서로 공생하며 늘 변화로 서식하기에 소리와 향기도 혼용된 그대로 받아들여야 마음이 편하다.

자연을 친구 삼아 적극적으로 겨울부터 봄을 준비하는 과정을 관찰하였다. 봄부터 여름까지 키우는 풍요로운 결실로 다가오는 가을과 함께하기도 하였다. 지금은 자연을 제대로 인식할 수 있을까.

오래전부터 제주의 중심부인 중산간만은 살려야 한다고 사방에서 목소리 높여 강조해 왔다. 다양한 개발로 인해 삶을 키우는 사람이 있는가 하면, 문제가 나타나면서 오염된다는 전문가와 단체들이 앞장서 말리던 곳이다. 대부분의 도민들이 공감하면서 과거와 현재와 미래가 혼돈된 일상이 동시에 움직이는 곳이 되어 버렸다.

해마다 늘어나는 개발에 따라 자연이 사라지는 만큼 점점 맑은 공기와 새소리가 줄어드는 현실을 접하게 된다. 같은 속도로 계속 개발이 이어진다면 '맑은 공기가 재산인 섬 자체의 명성은 사라지는 게 아닐까.' 하고 심리적으로 불안감을 안겨주던 지역이다.

한라생태숲은 사람이 중심이던 개발을 뛰어넘어 자연이 중심이 된 개발이다. 사소한 자연도 안전하게 자리 잡은 모습을 보게 된다. 자연의 실체를 제대로 풀지 못하고 납덩이처럼 무겁게 가라앉았던 마음을 그 자리에 다 내려놓아도 된다는 생각을 하게 한다. 생각만으로도 짊어졌던 짐이라도 내려놓은 듯, 가벼운 마음으로 하늘을 보았다. 유난히 맑고 선명한 쪽빛 아래 둥둥 떠 있는 구름을 의식하며 걸었다.

나무가 많은 숲으로 들어서자 다양한 자연의 기운이 전기에 감전되는 찰나의 순간처럼 짜릿하게 내면으로 파고들었다. 이전에 자리 잡았던 복합적인 의문들을 밀어내어 여과를 하는 시간이었을까. 전신이 가벼워진다. 구름처럼 가볍게 하늘 높이 비상하고 싶은 의지가 샘솟는다. 생전 처음 느끼던 실체를 만지려고 양손으로 가슴을 감싸

안았다. 잡히거나 보이지도 않고 느낌도 사라졌다.

길게 확인할 수는 없었지만 가벼운 신체를 생생하게 느끼며 새처럼 날 수도 있을 것 같았다. 붙잡을 수 없는 실체라는 걸 알면서도 순간적으로 붙잡으려다 놓쳐버린 것 같아 아쉬웠다. 아쉬움은 앞으로 끊임없이 작용하는 가치를 따라가 선 곳에서 최선을 다해 집중하리라는 열의만은 강하게 솟구친다. 이전에는 자연 앞에만 가면 호기심과 의문으로 교차하던 마음과 달리 생생하게 자연과 합일을 이룬 날이다. 비록 꿈처럼 사라졌지만 남긴 여운만은 마음속에서 맴돌고 있다.

제주여류수필 회원들과 문학기행으로 선택한 곳이다. 초가을의 풍경을 나름대로 감상하다 높은 동산에 먼저 가 앉았다. 무심코 사방을 살피는데 수많은 자연들이 나를 향해 '겨우 계절마다 다가가는 노력만으로는 순간마다의 변화와 가치를 다 알 수 없다.' 고 설명하는 것만 같다.

마음 편히 쉬면서 보고 들으며 느끼던 과정들을 정리하는 내 마음을 누군가 들여다보고 설명하는 것만 같다. 그동안 틈틈이 자연과 교감해온 덕일까. 아니면 마음에 드는 생태숲에 빠지면서 스스로 만들어낸 허상이었을까. 보이지 않는 실체에 집착하고 있는 나에게 또 다시 '보이거나 들리는 소리도 중요하지만 내면의 세계도 더욱더 시야를 넓혀야 한다.' 는 메아리가 바람을 타고 내 볼을 스치며 지나갔다. 그날을 다시 생각하다 보니 강의 시간에 들었던 단어와 보고 느끼던 감정들이 넘나들며 내 마음의 소리로 스며든 시간이었다.

휴양림을 걸으며

동창들끼리 여행하자는 말을 듣고 생각하다 보니 초등학교를 졸업한 지 어느새 오십 년이다. 오십 년 기념으로 남녀 초등학교 동창생이 한자리에 모였다. 각자 삶이 다르지만 까만 머리보다 흰머리가 많은 모습에서 죽음으로 향하는 기로에 놓인 나이였다.

개인적으로 많은 돈을 내놓은 동창생들과 서로 앞장서 고향의 아름다운 풍경들을 추진한 남자 동창생들이 고맙다. 차를 타거나 걸으면서도 서로 추억을 꺼내어 함께 웃고 즐기는 시간은 정말 초등학교 시절로 되돌아간 기분이다. 순박한 분위기는 어린 시절의 부끄러움과 부족함도 추억이 되어 녹아나고 있다.

한 동창생이 나를 가리키며 어린 시절이지만 정말 성숙했다고 한다. 그 말을 듣다 보니 잊고 살아가던 어린 시절의 일상들이 영화 장면처럼 지나간다. 나는 초등학교 시절에 동생들을 돌보고 살림을 살았다. 아기를 업고 밭으로 향하는 길목에서 야생초가 보이면 '이름이 무엇일까.' 하고 호기심이 발동한다. 할아버지에게 가지고 가서 물어보면 자세히 설명하여 주었다. 세심한 할아버지 덕에 전교생이 소풍가는 날이면 자연에 관심을 갖는 아이들에게 설명하여 주는 기회가 되었다.

수업시간이 끝나면 청소를 한다. 못한다며 우두커니 서 있는 동창들에게 쓸고 닦는 시범을 보이며 도와 주었다. 지켜보던 선생은 "어머니와 딸 같다." 라고 하였다. 자리를 비우는 담임은 나에게 청소 깨끗이 하는지 감독하라고 하였다. 꾀부리는 남학생들에게도 먼지털이로 위협하며 시켰다.

오학년 첫 수업하는 날, 급장을 뽑게 되었다. 여자 동창이 나를 지명한다. 남학생들이 여자는 급장이 될 수가 없다고 말린다. 그때까지 여자 급장이 없었다는 걸 알면서도 부급장을 하면서부터 하고 싶었다. 오직 여자라는 이유로 안 된다는 말에 따지고 싶었다. 마음과 달리 상황을 외면할 수가 없어서 참으려니까 가슴이 답답해 터질 것 같았다.

지켜보던 선생님도 "여학생은 급장이 될 수 없는 시대" 라며 남학생 의견을 존중한다. 다른 여자 동창이 "그럼 부급장은 계속 시켜야 한다."고 하자. 나는 벌떡 일어나 "할 수 없다."고 하였다. 내 의지가 아니라 마음속에서 치밀어오는 감정이 '급장이 아니면 안 한다.' 고 대신 강조하는 것 같았다. 그날의 상황이 각인되었을까. 아니면 마음껏 배우지 못한 콤플렉스일까. 거침없이 용감하던 성격이 성장 속도에 따라 점점 내성적으로 변해갔다.

가부장적인 풍조가 점점 변해서 남녀 평등시대가 되었다. 그렇게 감동적으로 다가올 수가 없었다. 남녀가 구별하는 문제 앞에서 아는 만큼 당당하게 내 위치를 다잡아 가려면 매번 부딪히게 된다. 한 치의 오차도 없이 주어진 시간은 삶의 범위를 다 채우며 살아갈 수는 없다. '시대를 따라잡지 못하는 처지가 되었다.' 며 주어진 삶에 대한 중요성을 찾으며 충실하였다. 안주하는 세월 속에서 개인적인 배움의 열망은 점점 사라지고 있음을 의식하게 된다.

육십을 목전에 두고서야 배움의 공간을 찾아다니며 허기를 달래는 날이면 생각이 다른 기운이 집안 가득 맴돌게 된다. 남은 생애는 더 이상 양보할 수 없는 길이라며 포기하지 않았다. 작품에 매진하다 부딪히면 '제대로 된 작품 하나 남기지 못하고 죽음으로 달려가는 인생은 아닌가.' 하고 생각하다 보면 끊임없이 추구하던 세월이 서글퍼진다. 다음 생애만은 남성으로 태어날 수 있다면 남녀 사이에서 중립을 중요시하고 보편성을 키우는 삶을 살아보고 싶다는 꿈같은 상상을 하며 위안을 삼아왔다.

비록 뚜렷하게 내세울 것 없는 인생이다. 나름대로 나이에 따라 주어진 일상에서 최선을 다하는 기회가 되었기에 후회는 없다. 문학을 접하면서 쌓아온 일상들이 언제 어디서나 보고 느끼는데 도움받는 것으로 만족하게 된다.

수천 년 전 화산 폭발로 형성된 휴양림 깊숙이 들어갔다. 사람의 손길이 닿지 않은 불모지에 다양한 생명력이 형성되기까지 몇 년이나 걸렸을까. 기후에 따라 사방에서 흙과 낙엽들이 날아왔으리라. 척박한 돌무더기 속으로 스며들며 사라지는 반복을 수년 거듭하기 마련이다. 돌과 돌 사이 공간을 통해 지상 폐부 깊숙이 흙과 낙엽 등으로 빈 공간이 채워져야 씨앗이 날아와도 발아하기 시작한다.

척박한 바위틈 사이를 비집고 성장하는 무게만큼 뿌리를 내리려면 얼마나 어려운 환경인가. 이리저리 굽고 휘어진 자연들이 그 과정들을 잘 설명하고 있다. 빽빽한 숲으로 이루어졌지만 편하게 쭉쭉 올라간 나무는 잘 안 보인다.

수년 동안 크고 작은 나무와 의지해야만 성장하는 다양한 넝쿨들이 서로 어우러져서 수백 년 응축된 원시림의 에너지로 넘쳐나고 있다. 현무암에 이끼와 작은 생명력이 자라나는 모습이 싱그럽다. 다양한 자연들이 온통 녹색의 물결로 일렁이는 5월이 어쩌면 이리도 아름다운가. 솔솔 불어오는 맑은 공기가 폐부 깊숙이 들어와 전신을 순환하는 원시림의 기운과 공유하고 있는 자신을 의식하는 순간이었다.

혼자 추억을 떠올리며 내려놓는 것을 주워담은 동창이었을까. 아니면 자연의 소리였을까. '반평생 잠재되었던 부족함을 똬리 틀고 경험으로 삼아왔으니 남은 생은 다 내려놓고 당당하게 살아가도 되지 않느냐.' 고 한다. 동시에 반짝이는 햇살도 눈이 부시게 응원하는 것 같다. 메아리 따라 자연들을 응시하노라니 원시림으로 키워낸 대자연이다. 그에 비하면 인간은 '잠시 왔다가는 울림 같은 짧은 인생이라.' 고 덧붙이며 설명하고 있다.

사람의 마음을 꿰뚫어 보는 자연의 위력인가. 아니면 그날의 분위기에 취해 스스로 만들어 낸 마음의 소리인가. 어느 쪽이라도 상관이 없다는 생각이다. 순간의 기운을 받아 내 마음속에 수십 년 응축되었던 추억의 향수를 되살리는 계기가 되었다. '남은 생애 열정을 태우는 에너지로 살릴 수만 있다면.' 하고 많은 생각을 이어가게 하는 날이었다.

2부

혼자 걷던 길

운동을 시작하면서

몇 년 전이다. 소화가 안 되어서 해수욕장 잔디구장으로 향했다. 삼삼오오 걸어가는 방향으로 따라갔다. 속도가 늦은 사람을 앞질러서 걸어가다 또다시 앞서가는 사람을 따라가려는 자신을 의식하게 된다. 여러 사람이 걷는 사이를 피하며 걷다 보니 나만의 속도를 알 수가 없다. 생각하다가 반대 방향으로 돌았다. 방향이 달랐을 뿐인데 마음이 편했다. 앞뒤 사람들을 의식하지 않아도 되고 혼자만의 속도를 찾으면서 안정감을 찾았다.

대부분의 사람들이 오른쪽으로 돌고 있는 이유가 있을까. 저들은 저 방향이 편한 체력을 지녔을까. 나부터 확인하기 위해 운동하는 사람이 많이 없으면 오른쪽으로 다시 돌아보았다. 왼쪽으로 돌았을 때와 달리 다른 사람을 의식하는 것 외에는 아무런 느낌을 받을 수가 없다. 그날 이후 왼쪽 방향을 나의 방향으로 삼으면서 안정감이 나타나는 이유를 찾아내기로 했다.

제주문학 문인들과 돝오름 갔던 날을 떠올렸다. 입구에서 한참 올라가자 능선이 나오면서 양쪽 길이 나왔다. 망설이는 회원들에게 동아리 회장이 오른쪽으로 유도한다. “시계가 돌아가는 방향으로 올라가야 한다는 걸 철저한 원칙으로 배웠다.” 고 한다. 설득력 있다는 생각에 더 이상 물어보지 않았다.

이후 시계를 볼 때마다 당시 말이 떠올라 시침의 방향을 보게 된다. 내가 보는 시계의 침은 오른쪽으로 돌아간다. 시계 자체에서 보면 분명 시침은 왼쪽으로 돌아간다. 시침을 따라 걸어가야 한다면 사람은 왼쪽으로 돌아가야 같은 방향이다. 무엇을 중심으로 말했던 것인가.

언제 어디서나 운동하는 사람들을 살펴보면 대부분 오른쪽 방향으로 돌아간다. 나 혼자 왼쪽으로 걸어야만 편한 이유가 있을까. 아니면 인체의 기능이 다른 것인가, 나름대로 심각하게 생각하며 걸어가고 있었다.

안면이 있는 모녀가 운동하는 방법일까. 눈에 띄게 걸었다 앉았다 운동기구에 매달리다가 다시 반복적으로 되풀이하면서 걸어간다. 과정을 보고 있으면 어린이들이 한 가지라도 제대로 적응하지 못하고 이것저것 재미있게 만지는 아이들처럼 동심에 빠져있는 것 같다.

그들은 내 옆에 와도 얼굴을 가려서 전혀 알아보지 못했을까. 알면서도 딸과 다닐 수 있는 자신을 내세우는 것인가. '혼자 운동 다니는 사람을 보면 이해가 안 된다.' 며 지나간다.

운동한 지 몇 년 안 되었지만 다른 사람들과 이야기하며 속도를 조절하며 걷다가 집에 들어서면 운동을 했나 싶어진다. 아쉬움을 느끼면서부터 누구와 같이 다니려고 시간 조정할 필요가 없다고 생각했다. 오히려 아는 사람을 만나면 이야기하다, 무의미하게 운동을 끝나게 될까봐 생각하다 여름에도 모자와 마스크로 얼굴을 가리고 다녔다. 짧은 시간이지만 남을 의식하지 않고 호흡하기 좋은 속도를 찾아 오직 자신의 신체와 교감하면서 매진하고 싶어서다.

어느 해 봄이다. 잔디구장 가운데 타원형 시계처럼 돌아가면서 시멘트로 시설하였다. 잔디만큼 부드럽지는 않지만 지면이 고르기에 걷기가 편했다. 항상 삼삼오오 걸어가는 사람들이 나를 힐끔힐끔 쳐다보며 '신경 쓰이게 왜 다른 방향으로 도는지 이해가 안 간다.'며 투정한다. 개성이 다른 다양한 사람들이 함께 공유하는 장소에서 저들만의 중심으로 규정할 수 있는 용기는 어디에서 나오는 것인가.

나와 그들이 부딪치지 않게 내가 피해서 서로 자연스럽게 걸으면서 왜 그렇게 꼬집어야만 하는 것인가. 의문을 가지면서도 한참 시동이 걸려 향상시켜 가던 나는 그들과 반대방향으로 돌아가야만 신체 변화를 느낄 수 있는 자신을 되돌아보았다. 운동하고 와서 목욕하고 나면 몸과 마음이 편하면서 피부에 탄력이 생긴다. 이런 자신을 느끼며 방향을 바꾸고 싶지 않았다. 그 장소에서 운동하는 동안은 어떤 말에도 동요하지 않으리라 다짐해 본다.

잔디구장에 운동코스를 시설할 때만 해도 '왜 일부러 아름다운 자연으로 키우며 관리하는 녹지 위에 시멘트로 덧씌우려 하는 것일까.' 하고 의문을 가졌다. 완성된 다음 걸어보니 균형이 잡힌 원이었다. 시계의 틀로 삼아 나는 시침이 되어서 일정한 속도로 돌았다. 그 시간만큼은 최고의 효과를 얻기 위해 돌아가는 횟수를 늘리고 다시 시간과 속도를 조절하였다.

의학적으로 설명할 수는 없지만 이전에 비해 전신의 혈액순환이 잘되면서 손발이 저리며 떨리던 현상이 사라졌다. 약을 먹지 않아도 소화가 잘되면서 온몸이 가벼워진다. 일상에 따라 매일 다닐 때도 있지만 이틀에 한 번 기준으로 가고 오는 시간까지 한 시간 투자해서 그 정도 효과를 얻을 수 있다는 것은 나만의 운동 방법을 제대로 찾아냈다고 생각해 본다.

허상과 사실 사이

행사와 모임 등에 참석하다가 오랜만에 운동을 나갔다. 열심히 걷고 있는데 갑자기 장대비가 쏟아진다. 사방에서 우왕좌왕하는 소리가 들리더니, 운동을 하던 사람들과 담소를 즐기던 사람들이 삽시간에 사라진다.

텅 빈 운동구장이 본래의 모습인데 너무나 넓고 크게 다가온다. 옷은 이미 젖었기에 달려갈 필요를 느끼지 못했다. 운동장을 다 돌고 운동기구에 올라서자 천둥번개 소리가 요란하다. 나도 모르게 무서움이 밀려와서 내려서게 된다.

사춘기 시절이다. 김을 매던 할머니와 어머니는 천둥 번개가 치자 호미를 던지고 집을 향해 뛰어갔다. 따라가던 나는 "왜 달려야만 하나요?" "번개가 쇠에 부딪치면 옆에 있던 사람이 죽을 수도 있으니까." 하고 혼이 나간 사람처럼 달려가던 날이 생생하게 다가온다. 그곳에서 벗어나면 다가오던 의식이 사라질 것만 같아서 다시 천천히 걸으며 생각했다.

당시 벼락을 맞아 죽은 이야기를 들으면서 왜 죽어야만 했는지 확인하려 하지 않았다. 할머니 이야기처럼 천둥번개가 칠 때마다 쇠에 부딪치며 문제가 생겼다면 많은 사람들이 이용하는 이 공간에 많은 철 구조물들을 설치하지 않았으리라.

지금까지 내가 생각하던 사실과 허상 사이에서 생각하다 전문성을 요구하면 쉽게 포기해버린 일이 얼마나 많았던가. 이제 와 혼자 남아 확인하려다가 '죽을 운명이라도 주어진 상황 속에서 사태의 진실을 풀어가야만 하는 것인가.' 하고 생각하다 보니 자주 오지 않은 기회를 놓쳐서도 안 된다는 강한 의지로 이끌어 간다. 다시 운동 기구에 올라섰다.

평소의 자신을 되찾기 위해 발로는 운동하고 고개운동을 하려고 머리를 구십 도로 젖혔다. 굵은 빗방울이 얼굴에 탱글탱글 부딪치다 목 주변으로 파고들어 간다. 긴장감으로 달아오른 심장의 열기를 식혔을까. 넓은 잔디구장을 혼자 차지하고 설명할 수 없는 기운에 이끌려 힘차게 뛰었다.

한마디로 설명할 수 없지만 묘한 기운에 취해 운동을 하며 세던 숫자도 까맣게 잊어버렸다. 얼마나 뛰었을까. 점점 심적 부담을 일으키면서 숨이 차 더 이상 뛸 수 없어야 멈추었다. 운동 기구에 긴 시간 매달려 아무 이상이 없었다면 담력을 키우는 기회라고 생각했다.

사방을 보고 있노라니 날은 어둡고 싸늘한 한기가 전신으로 감돌면서 긴장감으로 다가온다. 잠시 잊었던 천둥번개의 불빛이 철 구조물에 반사되자 공포가 밀려온다. 왜 장대비가 내리고 천둥번개가 내리쳤는지 이성적으로 생각하기 전이었다. 마음속에서 강한 의지가 다가와 사실과 허상을 가려야 한다는 감정에 사로잡혀 실행하기 시작하였다. 평소 운동하는 속도보다 더 강하게 집중하면서 공포에서 벗어나려고 애쓰던 시간이었다.

의식에서 벗어나자, 지구와 대기권의 상호작용이 만들어 내는 원인 앞에서 속수무책으로 놀라게 된다. 잠시 닫혔던 오관이 다시 자극받는 기분이다. 아무리 담력을 키우며 벗어나려고 애써도 수없이 내공을 쌓기 전에는 벗어날 수 없는 중생은 어쩔 수가 없는 것인가.

방파제를 걸으며 교차로에서 오고가는 차를 살피다 바다로 눈을 돌렸다. 저만치 안개가 자욱한 바닷가에 온몸을 담그고 고개를 숙인 여인이 앉아있다. 어떤 사연이 있기에 파도에 자신을 내맡기고 있을까. 나처럼 세상에 대한 의문을 파도에 묻고 있을까. 재빨리 다가서 보니 사람이 아니라 바위였다. 다행이란 생각보다 실망감으로 다가오는 나는 동반자를 만난다는 기분으로 다가갔던 것 같다.

한 시간 이상 내 의식을 붙잡았던 눈과 마음을 확인하기 위해 비가 멈춘 다음날 다시 잔디구장으로 갔다. 공간과 운동기구에는 여가와 건강을 챙기는 사람들로 붐비고 있다. 바위들이 물 밖으로 다 드러내놓고 있을 때는 거짓말처럼 여인의 형상이 잘 나타나지 않는다.

어제의 상황은 세상에 존재하지 않는 것을 존재하는 것으로 착각하게 하는 마력이 숨어 있는 것이 아니었다. 갑자기 천둥번개 치는 날을 마주하면서 유년시절 잠재되었던 의식을 풀어놓고 사실과 허상이 교차하는 마음을 확인하는 시간이었다. 혼자 긴장하며 확인하던 그 상황을 되돌아보다 보니 지구의 작용에 따라 변화를 일으키는 날씨였다. 긴장하며 경험했기에 더 이상 무모한 시간을 투자하지 않아도, 언제 어디서나 천둥 번개가 치더라도 의연하게 대처할 수 있는 '자력만은 생기지 않았나.' 하고 생각해 본다.

혼자 걷던 길

한 발자국만 더 내디뎠다면 달려오는 차에 치여 죽을 수도 있었습니다. 불의의 사고로 내 생을 다하지 못하고 죽는다면 얼마나 서글퍼질까요. 다행히 죽음을 피한다 해도 식물인간이 되어 누워있는 상황에 처한다면 어찌 살아있다고 할 수가 있나요.

세워진 관광버스를 다시 보고 있노라니 화가 납니다. 호텔 입구에서 클린하우스 있는 데까지 백 미터 정도입니다. 대형버스들이 인도와 도로를 침범하고 줄지어 세우다가 맨 끝에 있는 버스 꽁무니는 한쪽 도로 전체를 차지하고 있습니다. 운동하며 지나가는데 뒤에서 자동차가 달려왔습니다.

좁은 인도를 걸어가다 더 이상 갈 수가 없어 차와 차 사이에서 고개를 내밀어 차를 확인하려는 순간, 질주하는 자동차의 거센 바람으로 넘어지고 말았습니다. 순간 저승길 문턱에 다녀온 기분이었습니다. 한 걸음 더 나아갔다면 그 자리에서 즉사하고도 남을 거리였지요. 생각만 해도 끔찍합니다. 넋이 나간 사람처럼 부들부들 떨고 있다가 비로소 정신이 번쩍 듭니다.

관광버스는 워낙 높아서 차와 차 사이에서 다가오는 자동차를 확인할 수가 없습니다. 안 보인다고 도로에 나와서 확인하는 순간 이미 다가온 차는 피할 수가 없습니다. 사고가 난다면 누구에게 책임이 있을까요. 떨리는 심장을 진정시키고 무거운 발걸음을 옮기며 생각해 봅니다. 나는 아슬아슬하게 위험한 순간을 피할 수 있었지만 누군가 대신 사고를 당할 수도 있다는 생각에 이릅니다.

때마침 호텔 앞과 뒤쪽에서 자동차를 정리하는 직원들이 보입니다. 양쪽 직원에게, 주차장이 있는데 왜 도로에 차를 세우느냐고 하자, "죄송합니다. 시정하겠습니다." 하고 같은 대답을 하였습니다.

내가 운동하는 코스를 한 바퀴 돌고 다시 호텔 옆에 닿자 자가용을 타고 나오던 직원이 내 옆에서 차문을 열고 코웃음을 치고 비웃으며 지나갑니다. 서로 안전하게 공유하기 위해 문제를 논했을 뿐입니다. 처음 대답과 다른 그의 행위는 무슨 의미가 담겨 있을까요. 그 분위기는 '기업을 상대로 주민 따위가 어쩌자는 것인가.' 라는 시위로 다가왔습니다. 순간 나도 모르게 본심이 뭐냐고 따지려던 감정들이 부질없다는 생각이 들어 바보처럼 참고 말았습니다.

혼자 건강을 위해 걷기도 하지만 일상에 따라 마음을 정리하며 언제나 동반자처럼 함께 소통하던 길입니다. 지난해 초부터 호텔을 지으면서 덤프트럭 등 다양한 차들이 인도에 세워졌습니다. 양쪽에서 오고가는 차들을 살피며 도로를 걷다보면 생각의 리듬이 깨어져 버립니다. 아쉬움과 불편함을 어딘가에 호소하거나 운동 코스를 바꾸고 싶었습니다. 하지만 건물이 완성되면 이런 저런 불편함이 사라지리라는 희망으로 주어진 상황에서 참으며 견뎌왔습니다.

그런데 건물이 완성되고 주차장이 마무리되었는데도 호텔에 손님을 싣고 온 버스는 도로와 인도에 계속 세워졌습니다. 수년 동안 발자국을 새기며 걸어온 길이 갑자기 자동차와 거리의 무질서에 송두리째 빼앗긴 기분입니다.

특히 해안 도로이기에 지역 주민뿐만이 아닙니다. 해변을 감상하는 여행객들도 사고가 날 수 있습니다. 지역구 모든 문제를 해결하는 기관에 전화를 했습니다. 사실을 대강 설명하였더니 친절하게 가서 확인하고 규칙을 지키도록 처리한다는 말 한마디에 놀란 가슴이 진정됩니다.

다음날 운동하러 가면서 보니 관광버스 세워진 자세만 바꾸고 도로와 인도를 그대로 차지하고 있습니다. 기관에 또 전화했더니 "기사들이 큰 차를 집에까지 타고 갈 수가 없다."며 가버렸다기에 하루 더 기다리기로 했습니다. 그런데 다음날도 관광버스들은 그 자리에 세워졌습니다. 안전을 위해 인도에 세우지 않도록 해달라고 부탁했습니다.

낮도 아니고 불빛도 제대로 없는 도로에 법규를 위반하는 개인적인 관광버스로 인해 불편함과 위험이 도사리는 길로 더 이상 내어줄 수는 없다고 생각했습니다. 조용하고 안전하던 지역에 사고가 일어나기 전에 해결되기를 바라는 마음은 조급해졌습니다. 법규위반을 중요시하는 다른 두 기관에 전화하고 다시 설명하며 부탁했습니다.

호텔 주차장은 항상 비어있는데 세 군데 해당 기관이 나서도 바로 해결이 안 되는 이유가 있을까요. 오히려 "규범에 어긋난 차량 번호 찍은 사진 같은 것 있느냐."고 물었습니다. 주민의 다급함에 현장 상황을 파악하여서 해결하는 게 아니라, 문제의 근거까지 제출해야 할 의무가 있는 것처럼 말합니다. 주민의식만 가지고 수단과 방법을 가리지 않고 해결하려 한다면, 상대방도 개인적인 논리로 피하게 됩니다. 서로 피하고 미룬다면 문제의 본질이 흐려지면서 서로 복잡한 논쟁만 거듭됩니다.

호텔에서 위와 같이 규범을 어기는 것도 해당 기관마다 관리 부족으로 일어나는 문제가 아니던가요. '문제가 일어나기 전에 직원들이 자발적으로 찾아 해결하는 방법이 있다면.' 하고 스스로 곱씹으며 다가가게 합니다. 하루도 중단하지 않고 십 일 이상 다가가서 확인해보니 관광버스들은 나를 비웃기라도 하듯 변함없이 인도와 도로를 차지하고 있습니다.

세월이 갈수록 이웃과 주변에 무관심이 난무한 현실이 도사리고 있습니다. 변함없이 질서와 안전을 중요시하며 살아온 주민들은 어느 기관을 믿고 안전함을 기대할 수가 있을까요. 오직 평화롭고 조용한 길 위에서의 산책과 명상을 기대하며 하루하루 안전하게 살아가는 소시민의 가슴 속에 서글픔만이 가득 맴돌던 기간이었습니다.

어둠과 빛

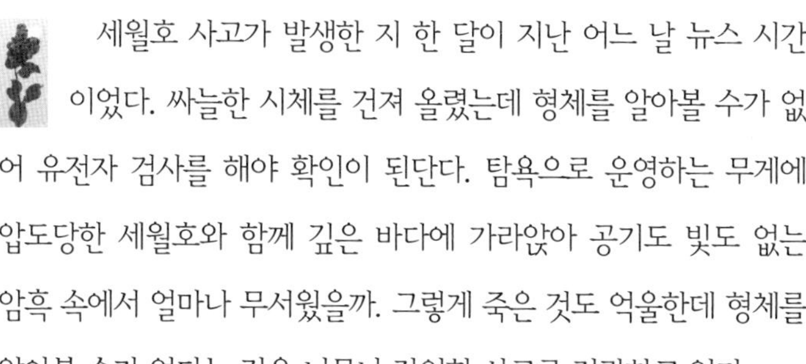

세월호 사고가 발생한 지 한 달이 지난 어느 날 뉴스 시간이었다. 싸늘한 시체를 건져 올렸는데 형체를 알아볼 수가 없어 유전자 검사를 해야 확인이 된단다. 탐욕으로 운영하는 무게에 압도당한 세월호와 함께 깊은 바다에 가라앉아 공기도 빛도 없는 암흑 속에서 얼마나 무서웠을까. 그렇게 죽은 것도 억울한데 형체를 알아볼 수가 없다는 것은 너무나 잔인한 사고로 전락하고 있다.

나는 한 번도 보지 않았던 시체의 형체를 나름대로 끔찍한 형상으로 상상하게 된다. 번뇌에서 벗어나려고 운동을 나가 해안도로를 열심히 걸었다. 오히려 온갖 상념이 따라붙어 잠재되었던 마음을 일으키며 다시 사고 현장이 이어진다.

육지와 섬 사이에서 사람들이 유일하게 더불어 이용하며 살아가는 공간이 바다다. 인천에서 제주까지 오고 가는 배에서 고단한 일상을 내려놓고 내일의 희망을 설계하면서 떠나는 길이었으리라. 특히 수학여행 꿈에 부풀어있는 학생이 반 이상이다. 하루 24시간 중에 절반 이상 머물러야 하기에 각자 필요에 따라 자거나 먹고 마시며 평안한 시간을 보내었으리라.

갑자기 배가 뒤집어지면서 꿈과 희망에 매달려 살아남으려고 얼마나 손길을 기다렸을까. 배의 구조를 잘 아는 선장과 승무원이 손마다 붙잡고 안전하게 인도해야 하는 시간이다. 기대와 달리 손님들에게 각자 있는 자리에서 움직이지 말라는 방송을 해놓고 빠르게 구조하지 않는다.

배가 가라앉는 사태를 파악하고 모든 책임을 짊어져야 할 선장과 승무원은 급박한 상황에 양심을 버리고 먼저 탈출하는 장면이 TV 화면에 나온다. 그 시간에 책임자가 전하는 말만 믿고 기다리던 사람들은 빠르게 깊은 바다로 배와 함께 순식간에 가라앉아 버린다. 방송을 듣고 상황을 파악하려고 움직이던 사람들은 급박한 상황을 인식하고 다른 사람들에게 알린다. 구조하다 숨진 사람도 있지만 움직이던 사람들은 대부분 살아남았다. 한 공간에서 같은 말을 듣고 순간의 판단으로 죽음과 생존의 길이 정해진 날이 되어 버린다.

상황을 보고 듣던 가족들은 얼마나 애통해 할까. 선창가에서 발을 구르며 시간이 멈추어 빨리 구조되기를 바라는 절규의 목소리가 끊이지 않는다. 아침이 오면 어김없이 캄캄한 밤이 온다. 구조를 중단해야만 하는 시간을 붙잡고 싸우듯, 기진맥진하면서 쓰러지는 가족들이 늘어난다.

말이 없는 바다지만 세상에 대한 아우성일까. 거칠게 휘몰아치며 쉽게 곁을 내주지 않는다. 오히려 진도 앞바다만이 가지고 있는 오묘함이 사고가 일어나면서 암흑의 세계로 둔갑하고 있다. 큰 강풍처럼 온 국민이 혼돈의 물결에 휩싸여 신문이나 방송마다 특집으로 다루고 있다.

며칠 전 강하게 불어닥치던 바람에 가로등과 방파제 벽에 시설한 불빛이 사라졌다. 바다 바닥까지 비추어주던 빛이 사라지자 사방이 컴컴하다. 걸어가는 주변에 고양이 움직임에도 깜짝깜짝 놀라게 된다. 평소와 다른 분위기는 배와 함께 깊은 바다에 가라앉은 사람들의 모습을 상상하게 된다. 캄캄한 선박에서 공포에 사로잡혀 숨이 멈추기 전까지 얼마나 무서웠을까. 영혼들에게 어루만져 줄 방법이 있을까. 돈과 눈물로 호소한다고 한이 풀릴까. 영혼들은 대답이 없는데 그 앞에서 가족과 기업이 서로 이리저리 따지는 모습을 보노라니 혼백이 있다면 화가나서 벌떡 일어날 것만 같다.

운동을 마치고 평소와 다름없이 방갈로에 서서 스트레칭을 하였다. 바다에 동동 떠 있는 물체가 좀 전까지 상상하던 시체 모양으로 다가온다. 온몸에 힘이 빠지면서도 바로 멈출 수가 없다. 멈추면 확인해야 하기에 무서움이 밀려온다. 그렇다고 외면하거나 도망갈 수도 없다는 생각을 하며 멈추었다.

시설물을 힘주어 잡고 부들부들 떨다가 고개를 내밀었다. 겹겹이 이어진 물체가 너덜너덜 물결에 따라 움직인다. 인고의 풍파를 겪고 온 시체처럼 애잔함으로 다가온다. 어디론가 전화를 해야 한다는 마음과 달리 자세히 확인해야 한다는 생각이 교차한다. 앉아 무릎에 얼굴을 묻고 정신을 가다듬고 다시 확인하였다. 저 멀리 호텔에 불빛이 아련하게 비추면서 시체라기보다 파래라는 확신으로 다가온다.

며칠 거친 바람이 불면서 파래가 파도에 떠밀려 왔다. 썰물에 드러나면서 햇볕과 비바람에 파래는 하얗게 탈색된다. 물결에 이어져 둥둥 떠 있는 형상을 보며 부패된 시체로 착각하게 되었으리라.

진도 앞바다에서 이 먼 곳까지 오기 전에 고기 밥이 되어서 올 수가 없다는 생각을 하다 다시 내려다보았다. 통곡의 한을 품은 영혼들처럼 밀물에 잠기다 남아있는 바위에 파도가 거칠게 달려와 부딪치고 다시 다가와 수없이 부딪치는 파도를 보면서 다시 생각이 이어진다.

아무리 불빛이 없었지만 처음에 어떻게 시체로 착각하게 되었을까. 자신에게 질문을 던지며 반복 생각하다 보니 잠을 설치게 된다.

새벽에 일어나 불빛이 가까이 없었으니 다시 잘못 판단할 수도 있다는 생각을 하다가 바닷가로 내려갔다. 확인하다보니 며칠 운동을 못 다니던 기간 동안 변화를 가져온 파래의 형체와 혼자 상상하던 시체와 흡사해서 착각할 수밖에 없었던 것 같다. 직접 보고 부딪치며 확인하고 나서야 착각에서 벗어날 수가 있었다.

평온한 동네

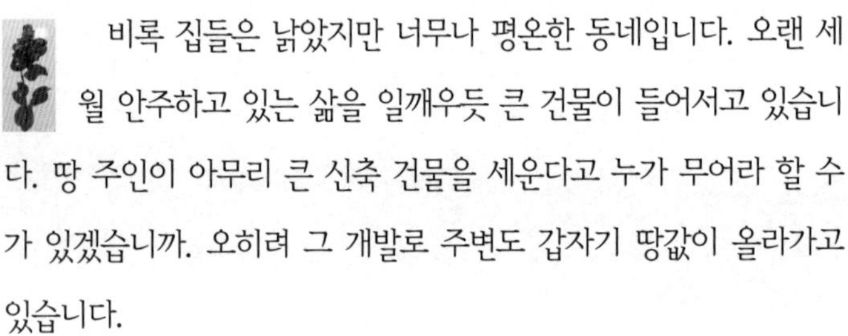

비록 집들은 낡았지만 너무나 평온한 동네입니다. 오랜 세월 안주하고 있는 삶을 일깨우듯 큰 건물이 들어서고 있습니다. 땅 주인이 아무리 큰 신축 건물을 세운다고 누가 무어라 할 수가 있겠습니까. 오히려 그 개발로 주변도 갑자기 땅값이 올라가고 있습니다.

거대한 지하 공사를 하면서 크고 작은 소음의 고통과 집에 균열이 생기는 이유를 기업에서 모르지 않겠지요. 적어도 공사하기 전에 집집마다 들러 '이런 저런 소음을 일으키게 되었다.' 고 양해를 구하는 것이 이웃에 대한 배려가 아닌가요.

말 한마디 없이 공사를 강행합니다. 매일 포클레인으로 작업하며 집이 울리는 진동소리로 인해 생활에 리듬이 깨어집니다. 얼마 지나지 않아 지하 공사가 끝나면 잠잠해지겠지, 스스로 위로하며 참고 견디었습니다. 아무리 애써도 산만한 일상에서 벗어날 수가 없었지요. 동네 사람들마다 시끄러워 정신이 없다고 한마디씩 이어집니다. 온 동네를 대변하듯 앞장서 다니던 사람이 더 이상 나서지 않자 제대로 소음을 줄이는 약속이라도 받아내지 않았나 싶었습니다.

기대와 달리 변함없는 소음에 항상 머리가 무겁고 띵하게 아파오는 자신과 몇 개월 싸우는데 소음이 들리지 않았습니다. 오랜만에 정신적 안정을 찾았습니다. 그 기간도 며칠뿐이었습니다. 층이 올라가면서 사용하던 철 재료들을 밑으로 내던지는 소리에 깜짝깜짝 놀라며 주저앉게 됩니다. 하루에도 수십 번 떨어지는 거친 공사 현장에서 기계로 내려야 하는 규칙이 있는데도 아무렇게나 던지는 것은 아닌가요. 건물이 높아 갈수록 철과 벽이 서로 부딪치다 시멘바닥으로 떨어지는 강도는 어디론가 도피하고 싶은 심정이었습니다. 더 이상 참을 수가 없어 소통의 길을 찾아야 한다는 생각에 머물렀습니다.

때마침 재료를 담당하는 직원이 물건을 사러 왔습니다. "공사 소음이 너무 심해요." 아무 대답이 없기에 대화를 나누려고 현장이 잘 보이는 옥상으로 인도했습니다. 사색을 하고 손을 저으며 '지위가 높은 사람과 해결하라.' 고 한마디 던지고 그냥 가 버렸습니다. 순간 너무나 황당했습니다. 가게에 자주 오가던 직원과 서로 신뢰를 쌓았다고 생각하며 다가가던 내가 너무 단순했던 것인가요.

상대방 이야기를 제대로 들어보지도 않고 무엇을 해결하라고 하는 것일까. 내가 원하던 대답은 돈 몇 푼 놓고 타협하자는 것이 아니었습니다. 정신적인 피해는 무엇으로도 보상받을 수 없기에 하루빨리 현장에서 일어나는 모든 소음을 줄이기를 바라는 마음이었습니다. 그리고 주변에 대부분 몇 십 년이 넘은 집들이기에 균열이 생기는 것을 방지하는 방법을 같이 찾고자 함이었습니다. 간절하게 전하면 직원은 현장에서 일하는 모든 직원들에게 전하기를 바라는 마음으로 시도했습니다.

어쩌다 인간적인 사회 질서와 도덕성이 돈과 연관시키는 생각이 먼저가 되어 버렸을까요. 오직 소음을 줄여줬으면 하는 마음을 제대로 표현하기도 전에 무너지고 말았습니다.

직원 말대로 직책이 높은 사람을 찾아가 해결해야 하는 문제였던가요. 상대를 찾아간다 해도 생각이 다르면 공사 현장 지식이 부족한 내가 제대로 대응할 수가 없겠지요. 제대로 다가갈 자신이 없다는 이유로 다가가던 갈망을 포기하였습니다. 포기하고 나니 소음을 참고 견디며 스스로 다스려야 하는 고통은 머리가 지근거리며 아파옵니다. 생각할수록 정신적인 인간관계를 대화로 풀어가기가 쉽지 않은 냉엄한 현실은 마음까지 답답하게 합니다.

정보화시대로 급격한 발전이 이루어지면서 정신적인 가치보다 물질만능주의로 보편화되면서 소통과 교감하는 마음까지 파묻히고 있습니다. 문제를 피하면서 임시 얻는 것도 있겠지만 놓치는 것이 더 많은 것은 아닌지요.

아무리 공사만 하고 떠나도 애써 남긴 건물은 사라지기 전까지 시공한 기업의 얼굴이나 마찬가지입니다. 운영하는 기업과 공동으로 완성하면서 존재한 건물이기에 어느 한쪽 기업도 개인적으로 벗어날 수가 없는 공간입니다.

삶이 다르지만 유기적으로 연결해서 돌아가는 우리네 삶은 누구도 부인할 수가 없습니다. 공존의 의미를 알면서도 오히려 교묘하게 이용하는 대상이 늘어나고 있습니다. 제주에도 수백 년 서로 존중하던 전통적인 삶이 개인적인 열풍에 휘말리듯 점점 사라지고 있습니다.

주민들의 아쉬움과 달리 몇백 개의 객실을 지닌 호텔로 완성하였습니다. 운영하는 재력가는 관광객들을 인솔하는 능력이 뛰어난 것인가요. 매일 여러 개의 대형 버스 등이 줄을 섭니다. 그 정도 파워라면 공사하기 전에 이웃들을 찾아가 끈끈한 정으로 신뢰를 쌓는 방법은 없었을까요. 따뜻한 마음이 본질적인 삶으로 이어지면서 지금 잘나가는 단계에서 더욱더 업그레이드 되었을 겁니다. 다른 점이 살아 움직이면서 특별한 기업인으로 자리 잡아 갈 수 있지 않았을까요.

말이 없는 거친 파도는 자의가 아니라 바람 따라 일으키던 큰 바다가 중심이 됩니다. 결국 본래의 모습으로 되돌아가는 순환의 진리로 '잠시 왔다 가는 바람'이라 고 항상 우리들을 일깨워 줍니다. 급변하게 변하는 사회이기에 '큰 기업에서부터 본질적인 삶의 선구자 역할로 자리 잡아가는 방법은 없을까.' 하고 많은 생각을 이어가게 하던 공사였습니다.

원하던 공간

지나가면서 넓은 잔디광장을 볼 때마다 마음껏 달리고 싶은 충동으로 다가온다. 공공장소가 아니라 개인의 소유이기에 망설일 수밖에 없다.

몇 년이 지나서야 나의 일상에 따라 가까운 곳에서 운동을 할 수만 있다면 하고 발걸음을 옮겼다. '주인에게 허락을 받아야 할까?' 생각하면서도 말리기 전에 한 번이라도 시도하고 싶은 마음으로 다가갔다. 주변과 해변을 걸어도 되지만 나는 잔디로 구성된 터전을 마주하면서 마음이 설렘으로 다가온다. 어린 시절 어른들이 일하는 밭 입구 잔디 위에서 아기와 마음껏 뒹굴던 시절이 있었다. 성인이 되면서 마음이 복잡하면 단순했던 그 시절이 그리워진다.

운동하는 나에게 주인이 잔디에 지장이 있다고 말린다면 중단할 수밖에 없으리라 생각하며 걸었다. 잡풀과 돌멩이도 없고 맨발로 걸어도 될 만큼 너무나 깨끗하다. 매일 이곳에서 걸을 수만 있다면 얼마나 좋을까.

크고 작은 객실이 수십 개나 될 만큼 큰 건물이다. 야외 광장도 가로등 조명이 오십 개가 넘는다. 함덕에서 제일 먼저 시설한 '선샤인' 호텔이다. 건물 앞과 왼쪽이 건물보다 넓은 잔디광장으로 구성되었다. 넓은 부지 경계선을 돌아가면서 다양한 모양을 지닌 자연석과 여러 종류의 나무들로 조경을 하였다. 걷다 보니 부분마다 세워진 조명은 나에게 환하게 불빛을 비추어준다. 아무리 추운 날이지만 빠른 발길이 잔디에 닿으면서 올라오는 열기로 온몸에 열기가 솟구친다.

초봄이 되자 누렇게 단풍이 들었던 잔디 틈 사이로 새로운 생명력이 음지에서부터 돋아나기 시작한다. 밟으며 지나가기가 미안할 정도로 사방에서 어린 싹이 올라온다. 줄기마다 땅속에서 세밀하게 구성되었다가 기를 모아 동시에 드러나는 것일까. 며칠 사이에 야외 잔디구장 전체가 녹색 물결처럼 일렁인다. 섭리에 따라온 사방에 드러나는 오묘한 생명력과 교감하던 내 마음도 덩달아 생동감이 넘쳐난다. 이전에 복잡한 공공장소에서 불편함을 느끼지 못했다면, 혼자 이곳에서 걸으며 편안함을 느끼지 못했는지 모른다. 다른 운동코스에서 오직 운동에만 몰두하는 나에게 상대방은 방향이 다르다는 이유만으로 투정을 한다. 신경이 쓰이면서도 공공장소에서 개인적으로 규정하는 말이기에 들으며 대항하지 않았다.

겨울에는 추워서 잔디구장에서 운동하는 사람이 거의 없다. 주변에 집이 없어서 혼자 들어서면 무섭다는 이유로 주저하게 된다. 어느 날 잔디구장으로 가다가 멈추고 해변을 걸었다. 집으로 오면서 호텔 잔디구장을 가로질러 걸었다. 우리 집과 가까우면서 늦은 시간까지 오고가는 행인이 많아 무섭지가 않았다. 시간에 구애받지 않고 일상에 따라 늦은 시간에도 걸을 수 있기에 그보다 좋은 장소는 없다는 생각에 이르렀다.

자영업과 일상의 모든 일을 정리하고 나면 밤 아홉 시가 된다. 계절에 상관없이 시간이 빠르거나 늦어도 매일 규칙적으로 걷기에는 모든 것이 갖추어진 장소다. 쇠퇴해지는 육신이지만 지속되는 운동은 아직도 늘 부어있는 전신의 부기가 빠진다. 걷고 나면 숨이 차던 현상도 사라졌다. 마음의 여유를 찾은 나에게 조경으로 심어 놓은 나무에서 꽃향기가 코끝을 자극하며 머리까지 맑아진다.

작품의 범위를 넓히기 위해 평생교육원에서 배우고 느끼면서도 다 소화하기가 버겁다. 막연하게 초안을 잡아놓은 작품들을 걸으며 생각하다 보면 실마리가 풀린다. 지금 내 나이에 자영업을 하면서 제일 중요한 건강에 도움이 되는 길이다. 틈틈이 작품만 마음껏 구상할 수 있다면 더 이상 무엇을 원하겠나 싶어진다.

넓고 깨끗한 공간을 독차지하고 '혼자만 건강에 도움을 받으면서 행복해도 되는 것인가.' 하고 생각하며 고개를 들어 호텔에 불 켜진 객실을 버릇처럼 세어 본다. 양쪽으로 불빛이 많이 보이면 안심이 되고 별로 없으면 아쉽게 다가온다. 특히 주변 범위가 넓어서 기본적인 운영비가 많이 들어간다는 걸 직접 눈으로 확인하게 되면서부터다.

여름에 관심을 가지고 호텔 외부의 일상을 지켜보았다. 나무와 잔디에도 매일 물을 준다. 한 달에 두 번 정도 잔디를 짧게 깎아내었다. 변함없는 노력과 경제적으로 투자하기에 언제나 깨끗하고 아름다운 환경으로 이끌어간다는 걸 알게 되었다.

호텔이 들어서면서부터 이 마을 사람들에게는 시내로 나가서 하던 예식과 피로연을 겸하는 장소가 되면서 서로 없어서는 안 되는 공간이다. 관광객 손님이 많아 내부적으로 탄탄해야 마을 사람들에게 변함없이 환대하리라.

낙엽 하나만 떨어져도 눈에 띌 정도로 깨끗한 곳에서 몇 개월 운동해도 주인처럼 말리는 이가 없다. 외부는 주인이 개방하였을까. 나는 사소한 것이라도 함께하고 싶은 마음이 우러나온다.

가끔 내 발길이 닿는 주변에 쓰레기가 보이면 직원들이 바빠서 미처 못 주웠나 싶어 줍게 된다. 주인과 객이 서로 의사소통이 없어도 공감하는 마음은 실행으로 옮기는 마음이 저절로 나타나게 되나 보다.

객실에 짐을 풀고 밖으로 나오는 손님들이 “아이고, 멋진 밤이다.” 하고 대부분 한마디씩 던진다. 바다에 많은 어선들의 불빛과 해수욕장 조명과 해안도로에 건물마다의 조명이 서로 조화를 이루는 모습이 한눈에 들어오는 장소다.

좋은 위치에 자리 잡아서 시야가 탁 트인 시설로 주변의 모든 것과 서로 조화를 이루고 있다. 어떤 나라와 어떤 도시에서 와도 눈높이에 따라 아름다운 이미지를 안겨주는 호텔이라고 생각해 본다.

해안 도로에서

두 아들이 자라면서 수영을 가르쳐 주려고 썰물에 따라 내려가던 곳이 있다. 깊은 바다와 연안 사이에 하얀 모래성이 이어졌다. 함덕 사방에서 내려오는 용천수가 바다로 내려와 바닷물과 합일을 이루고 다시 모래성이 중심이 되어서 양쪽으로 내려가며 깊은 바다와 이어진다.

밀물이 나기 전에는 항상 같은 깊이로 바닷물이 머물러서 안전하게 물놀이하기에는 정말 적합한 장소였다. 풍향의 특성에 따라 수천년에 걸쳐 형성되었으리라. 물놀이가 끝나면 용천수가 흐르는 곳에서 깨끗이 씻고 마무리할 수 있을 만큼 해수욕장의 진면목이 갖추어졌다.

자식들이 성장하면서 그 일상에서 벗어나게 된다. 나이가 들어가면서 운동으로 해안도로를 걸었다. 지난날을 추억으로 떠올리며 바라보고 있노라면 모래성이 통째로 연안으로 점점 밀려들어오고 있다. 들어오는 넓이만큼 아이들이 물놀이하던 곳에 바닷물이 점점 낮아지더니 이제는 모래사장으로 자리 잡아가고 있다.

살아 움직이는 무리의 생명들도 한꺼번에 이동하기가 쉽지 않다. 무생물의 기운은 어떤 의미를 지녔기에 한꺼번에 밀려오는 현상이 일어나는 것인가. 썰물과 밀물이 넘나드는 바다가 아닌가. 만지기만 하여도 쉽게 흩어지는 모래다. 입자들이 한데 뭉쳐 움직이고 있다는 걸 직접 보면서도 믿어지지 않는다.

변화가 없던 바다가 해안 도로에 난개발로 인한 현상이란다. 해안도로가 생기고 방파제를 시설하였다."방파제를 쌓으면 모래 공급이 중단되고 사빈과 함께 사구가 침식을 당하게 된다."는 자료를 읽게 되었다. 다행히 함덕해수욕장은 주변에 서우봉이 자리 잡아서 침식작용을 막아준다는 걸 지인을 통해 알게 되었다. 침식되는 해변에 비하면 얼마나 다행인가. 사구는 바다 물결 탁월풍에 의하여 오랜 세월에 걸쳐 운반되어 형성된단다. 힘이 얼마나 강하기에 모래사장을 한꺼번에 통째로 서서히 밀려오게 할 수가 있는 것인가.

해수욕장은 처음 생긴 해변보다 점점 더 넓어지고 있다. 해수욕장을 선호하는 관광객과 도민들에게 양쪽 해변에서 편하게 물놀이 할 수 있는 해변으로 형성하고 있다. 이대로 안전하게 이어진다면 무엇을 더 원하겠는가.

시대에 따라 해안 도로에 높은 건물들이 이어지면서 땅속 깊숙이 파헤치고 지하를 시설하면서 용천수 수맥이 잘못되었을까. 노천탕으로 사용하던 남녀탕에 물이 솟아나지 않는다. 주민과 관광객을 위해 몇 년 전 정교하게 시설하며 투자하였는데 용천수의 가치가 사라지고 있다.

우리가 편하게 살아가자고 하는 인위적인 개발이 바다까지 변화를 일으키는 현상이 눈앞에서 펼쳐지고 있다. 서로 입을 모아 이야기하면서도 적극적으로 직면할 수가 없는 현실에 처했을까.

끊임없이 이어지는 개발과 함께 해풍도 맞서고 있을까. 처음부터 해수욕장으로 사용하던 3구 해변에는 모래가 해풍에 넘쳐나면서 방파제를 뛰어넘어 도로까지 넘쳐나서 주변에 피해를 주고 있다. 개발로 인해 한쪽에서는 덕을 보고 또 다른 부분에서는 문제가 끊임없이 이어지고 있다. 세월이 가면서 지금 덕을 보고 있는 사람들도 결국 피해를 입게 된다는 현상이 일어나지 않나 싶다.

원인을 알면서도 막연하게 생각하는 세월 속에서 2구의 해변도 알게 모르게 밀려오는 모래성은 방파제까지 밀려오고 있다. 밀려오는 속도를 생각하다 보면 불안하다. 바다는 옛 추억의 대상이 되다가 호기심으로 이끌어가더니 이제는 긴장하며 바라보아야 하는 대상이 되어 버렸다. 수천 년 섭리에 따라 스스로 끊임없이 진화하고 있는 바다는 사람보다 더 세밀한 정서를 가지고 있는 것 같다.

못 배운 한과 다른 나라에 압박받던 기성세대들의 삶을 신세대들은 지켜보며 자랐다. 산업사회를 맞이하면서 오직 편리함만을 추구하기 시작하였다. 먼 훗날을 내다보는 문제는 당장 드러나지 않기에 확인할 기회도 없이 달려왔다. 세월이 지나서야 진리를 거스른 개발이라는 걸 알면서도 이미 되돌릴 수 없는 상황에 처한다. 어느 누구의 잘못이라기보다 유기적으로 돌아가는 지상에서 서로 빠르게 달리다 보니 알게 모르게 합일을 이루고 이끌어 온 지상이다. 수많은 실수가 경험이 되어서 이제는 실마리를 찾아야 할 단계에 온 것은 아닌가.

육지에서 바다로 이어가던 물길이 차단되는 기운과 바다에서 육지로 올라오는 기운이 부딪친다면 어떤 현상이 일어날까. 성난 바다로 둔갑해서 갑자기 빠른 속도로 거칠고 강한 기운이 드러나는 것은 아닐까. 육지와 바다 양쪽 기운이 방파제를 뛰어넘어 바다와 육지의 경계선이 무너지는 상상까지 하게 된다.

'서서히 다가오는 바다의 기운보다 사람의 생각이 앞서야 계속 진화하는 바다를 품고 안전하게 다루는 길이 열리지 않을까.' 하고 긍정적인 생각으로나마 스스로 위로하며 해변을 걸어가고 있다.

3부

윗세오름의 풍경

오름과 습지

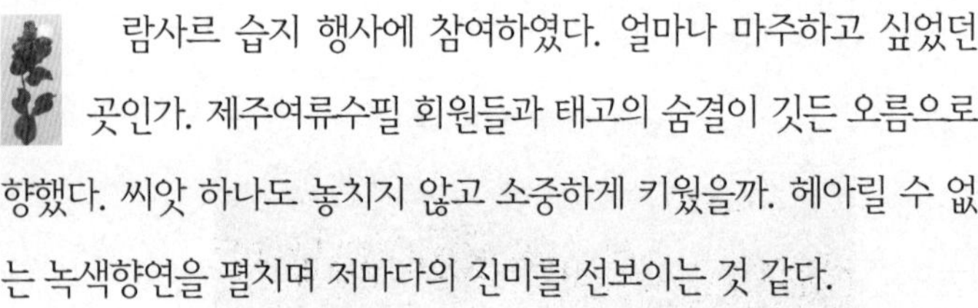

람사르 습지 행사에 참여하였다. 얼마나 마주하고 싶었던 곳인가. 제주여류수필 회원들과 태고의 숨결이 깃든 오름으로 향했다. 씨앗 하나도 놓치지 않고 소중하게 키웠을까. 헤아릴 수 없는 녹색향연을 펼치며 저마다의 진미를 선보이는 것 같다.

마주하고 싶은 내 마음이 쌓이듯 낙엽도 해마다 층을 이루고 발효되었을까. 스스로 만들어낸 비옥한 토질에서 자라난 자연림이기에 이리도 신선한 것인가. 다양한 향기에 취해 있을 때쯤 정상에 도착했다. 드러난 분화구는 깊지 않고 낮았다. 뭐든지 쉽게 품을 수 있는 특별함이 넉넉한 사람의 성품처럼 다가온다.

이전에 TV에서 간간이 보이던 수초가 어느새 분화구 형태로 빽빽하게 채워졌다. 한 짐 잔뜩 베어다 시원하게 마당에 깔던 여름밤의 풍경이 스쳐 지나간다. 자연의 섭리에 따라 진화해 온 모습이 신기하다. 서식하고 있는 세모고랭지 등 다양한 수초들은 1980년도까지만 해도 해변 논에서 서식하였다. 논마다 개발하면서 사라졌나 싶었던 수초가 산천에서 서식하고 있다.

물영아리 분화구를 처음 TV로 보았다. 해변에서 멀리 떨어진 높은 곳에 수초가 서식하고 있는 모습을 보면서도 믿을 수가 없었다. 직접 눈으로 확인하고 싶어 오랫동안 갈망하던 오름이다. 수초들을 의지해서 살아가는 물장군, 맹꽁이 등은 어떻게 이곳까지 따라와 함께 어울리고 있을까. 수초 씨앗은 바람 따라 긴 여정을 반복하며 날아올 수도 있다지만, 날지 못하는 생명이 찾아오기에는 너무나 먼 곳이다.

몇 년 전에 물영아리 오름을 통제하는 줄도 모르고 친구들과 갔다가 그대로 되돌아가기 아쉬워 주변 습지로 발걸음을 옮겼다. 그곳에서 노닐고 있는 새들을 감상하려고 다가가는 순간, 우리 일행의 인기척에 놀라 날아가 버린다. 개구리들이 여가를 즐기다가 갑자기 웅덩이로 폴짝폴짝 뛰어들었다. 순식간에 움직이는 물체에 우리 일행도 놀라 서로 주저앉던 순간이 아련히 떠오른다. 습지가 있는 곳이면 서식하는 수초와 생명들은 스스로 형성되는 것인가.

제주에는 아무리 많은 비가 쏟아져도 화산토이기에 순식간에 스며들거나 바다로 내려가 버린다. 행사를 진행하는 K 선생이 "물영아리 분화구와 그 주변은 유일하게 빗물을 저장해서 수많은 동물과 수초들을 품고 순환의 길을 열어가는 습지로 거듭나고 있다." 고 설명한다. 친절한 설명을 들으면서 지난날 보았던 웅덩이가 떠올랐다.

오름에 고였던 빗물은 지하 세계의 퇴적층의 길을 찾아 주변 람사르 습지와 서서히 합류하고 있다는 생각이 든다. 비 올 때마다 빗물을 머금고 있는 분화구가 '송천' 웅덩이 물이 불어나게 도와주는 역할을 하기에 가뭄에도 메마르지 않은 습지의 형태를 갖추게 되었으리라.

흔하지 않은 습지이기에 오름과 주변에 넓은 초지와 자연을 의지해서 살아가는 수많은 소와 노루, 새들의 목마름을 해결해주는 역할을 하고 있다. 안팎으로 다양한 자연을 품고 있는 물영아리 오름은 부동하고 있다. 내면의 세계는 보이지 않지만 한라산에서 내려오는 용천수가 바다까지 이어져 내려가는 진리와 다르지 않으리라. 오름과 습지와의 경계선을 지우는 원천의 힘으로 지상의 세계를 다루고 있다. 얼마나 대단한 저력을 지니고 있는 오름인가.

사람의 기준으로 서로 앞장서 투자하지 않아도 오름과 습지 사이를 묵묵하게 유기적인 범위로 넓혀가고 있다. 돈을 많이 투자한들 자연의 섭리보다 위대한 모습이 드러날 수 있을까.

오름과 습지가 이어서 움직이는 곳이 흔하지 않다. 어떠한 환경이 들이닥쳐도 순환의 길을 따라 다양한 생명의 모태로 자리 잡아가고 있다. 특별함이 살아 움직이는 원천의 힘을 설명하는 곳이다. 전문가들이 연구하며 더욱더 소중한 장소로 살려갔으면 하고 무한한 기대를 하게 되는 날이다.

비 오는 날의 풍경

고근산은 답사한 분들에 의하면, 사방이 탁 트인 산이라고 한다. 한라산을 비롯하여 많은 오름이 보이고, 서귀포와 주변이 다 보여서 너무나 아름다움을 조망할 수 있단다.

모든 일상을 잠시 멈추고 떠나는 여행은 언제나 새롭다. 평생교육원생들과 목적지로 향했다. 전파를 타고 구수한 목소리가 들린다. 여성 회장이 그날 일정을 이야기하며 그 날을 위해 애써 추진한 임원들을 소개한다. 이어 유용하게 사용하라고 후원금과 인절미와 한라봉과 음료를 푸짐하게 마련한 사람들을 소개했다. 공동체와 함께하는 여행은 상대방을 통해 보고 들으면서 직접 훈훈한 정을 느끼며 키워 가는 분위기는 정말 아름답다.

고근산 입구에 내려서 인절미를 받아들고 올라갔다. 각자 준비한 차를 서로 나눠 마시며 마음과 마음이 이어지는 향기가 맴돌았다. 서로 넉넉한 사랑의 담소를 나누며 쉽게 정상에 도착했다. 날씨는 안개로 시야를 가려 사방이 자욱하다. 보일 듯 말 듯 너무나 아쉽다. 심안을 가리기에 나무 사이로 보이던 마을을 파도치는 바다로 착각하면서 부풀었던 마음이 가라앉는다.

도심 속에 자리 잡은 산이다. 날씨로 인해 주변의 매력은 느끼지 못한다. 대신에 전 회장이 산에 대하여 인쇄해 온 자료를 통해 관찰하게 된다. 태초의 고요를 지키기 위해 고근산 전체에 산소 하나 없이 평화롭게 지켜온 산이다. 지금은 정성을 들이던 초심을 살리고 운동 삼아 올라와 한 바퀴 거닐며 사방을 보고 느끼는 전망대 역할을 하고 있다.

우리 일행은 우천 시에도 계속 진행하기로 하였다. 이왕 나선 길 정상에 설 수 있는 것만으로도 얼마나 다행인가. 60여 명이 정상에 나란히 앉았다. '소재를 읽어내는 수필가의 감수성과 통찰과 훈련'이란 강의가 시작되었다. 한참 듣고 있는데 비가 내린다. 어제부터 일기예보를 들으며 걱정하던 비가 내린다. 교수님을 보니 애써 마련한 강의를 위해 비 오는 것은 뒷전인 것 같다. 총무를 눈길로 찾았다. 보이지 않아 망설이는데 어느새 우산을 들고 나와 뒤에서 받쳐드린다.

예정에 없던 모습이지만 인정이 넘치는 총무의 모습이 그날따라 더욱더 아름답다. 그 광경은 막연하게 마음에만 담기에는 부족하다는 듯, 또 다른 이가 카메라에 담고 있다. 같은 입장에서도 우리는 편히 앉아 강의를 듣지만, 왔다 갔다 하며 순간순간의 모습들을 놓치지 않고 포착하고 있다. 그녀는 해마다 야외수업과 출판기념회 때마다 개개인들에게 사진을 담아 선물로 안겨주는 사진작가다.

너와 나라는 경계선을 지우고 앞장서 애쓰는 임원들과 후덕한 마음들이 조화를 이루고 마련한 행사는 무르익어간다.

강의는 내리는 비쯤으로 방해받을 수 없다는 듯 계속 이어졌다. 오히려 내리는 비로 인해 서로의 감수성과 감정을 살피며 동시에 실기까지 배우는 기회로 다가온다. 빗속에서도 강의는 무사히 끝났다. 다양한 색깔을 지닌 우산과 양산을 들거나 비옷을 입고 애써 비를 피하며 내려가고 있다.

사람들과 달리 오히려 비를 반기는 자연들을 의식하게 된다. 잎과 줄기와 가지를 통해 내려가는 빗물은 뿌리를 통해 어머니 수유처럼 서서히 마시고 있으리라. 우리 일행은 저마다 굽이굽이 돌아가는 산길을 일렬로 내려가는 광경이 참으로 아름답다. 비가 안 왔으면 볼 수 없었던 무지갯빛 행렬로 이어진다.

빗속에서도 서로 피하지 않고 일정표대로 자연과 사람이 함께 엮어가는 시간이다. 상큼한 맛과 향이 듬뿍 배어나오는 한라봉 향기처럼 오묘함이 우러나오는 날이다.

아부오름

아부오름으로 부지런히 올라가노라니 학생들이 슬리퍼를 신고 내려온다. 오름을 등반하려면 가파르고 미끄러워서 운동화나 등산화를 신어야 정상까지 갈 수 있다는 걸 모르는 나이는 아닌 것 같다. '무심코 올라가다가 힘들어서 그냥 내려오고 있으리라.' 하고 거리를 물어보려는데 너무나 빨리 달려가 버렸다.

일행을 따라 부지런히 올라가며 얼마나 더 가야 정상이 보일까 생각하며 올라선 그 능선이 바로 정상이다. 갑자기 맞이한 분화구를 보면서 너무나 놀라게 된다. '어머나! 세상에나!' 하고 절실하게 절감하면서도 딱히 할 말이 떠오르지 않아 벌어진 입이 다물어지지 않는다. 올라오는 오름 높이보다 분화구 깊이가 더 깊었다.

타향에서 학교에 다니다가 추석에 집에 와서 송당에 있는 지주를 만나듯, 마주하고 내려가는 아이들 신발만 보고 내 마음대로 생각하며 의문을 가졌던 것 같다.

너무나 낮은 오름에 비해 상상을 초월할 만큼 큰 자태로 뽐내고 있다. 글로만 읽던 자연의 신비가 여기에 창조하고 있는 것 같다. 창조자의 뜻에 따라 지금 내가 사는 곳에서 그리 멀지 않은 송당 부분에 자리잡았다.

고향에 살면서도 오십대 후반이 되어야 마주하게 된 오름이다. 돌아가신 친정아버지가 살아 돌아오신다면 이 순간처럼 가슴이 벅찼을까. 자문자답하며 넋을 잃고 생각하다가 겨우 정신을 가다듬었다.

아부오름은 고대 로마의 원형 경기장을 연상시킨다고 하던 누군가의 말이 사실처럼 다가왔다. 분화구에 돌아가면서 심겨진 삼나무는 좌석에 의연하게 앉아있는 인파로 다가온다. 사방에 서 있는 나무들은 각자 자리를 찾아 내려가는 사람들과 같다.

인파는 수없이 몰려드는데 무슨 경기를 하려는 것인가. 올림픽 축구 경기를 하려는 것인가, 아니면 아시아 경기를 맞이하려는 것일까. 제주 도민뿐만이 아니라 각 나라 선수들이 와도 얼마든지 수용할 수 있을 만큼 너무나 넓고 큰 경기장과 같다.

비바람이 치거나 눈이 와도 사계절 경기할 수 있게 그대로 '한꺼번에 하늘을 다 가릴 수는 없을까.' 하며 올려다보았다. 해님이 눈부시게 빛나며 '마음대로 상상하며 키우더라도 제자리에 두고 가라'

는 듯 땀방울이 눈으로 들어간다. 닦으며 걸어가다 미동한 나무들을 접할 수 있는 곳에 가서야 상상의 세계에서 벗어나면서 꿈을 꾸다 일어난 기분이다.

또 한 번 분화구를 자세히 내려다보았다. 경기장이 아니라 아부오름만이 지니고 있는 정교한 모습이다. 누군가 반세기 동안 잘 다듬으며 가꾸어 온 제주의 자산이다.

오름 한 바퀴 돌면서 참 고결함을 지닌 오름이라는 생각을 하게 된다. 다가가는 오름마다 나름대로 모두 다른 개성을 지니고 있다. 신기함에 몰입하다 보면 보고 느끼며 오르내리기에는 너무나 아깝다는 생각을 이어가게 된다. 꼬리를 물고 이어지는 생각에 따라 자연의 마력에 이끌려 다니면서 상상의 세계로 빠져들게 하는 것 같다.

시간이 지나고 이성적으로 생각하다가도 이곳 운동장에서 '눈과 비바람이 치는 태풍을 피하는 방법은 없을까.' 하고 다시 생각하게 된다. 실행할 수만 있다면 계절마다 자연을 벗삼아 의자도 필요없이 편한 자세로 아무데나 앉거나 엎드려 구경하는 장면을 상상하게 된다. 그 모습은 전 세계로 알리는 특별한 포스터 사진처럼 다가온다.

그날은 엉뚱한 상상이란 생각보다, 분화구에서 구경을 하거나 경기를 할 수 있다는 상상만 해도 가슴을 벅차게 한다. 창조자가 미완성한 작품을 완성하려는 상상의 세계를 펼치게 된다. 사방이 탁 트인 공간에서 다양한 운동 경기하는 모습만이 눈앞에 왔다 갔다 한다.

사노라면 풀 수 있는 환상일까. 아니면 이대로 상상으로 끝나 버릴 수밖에 없는 허상에 사로잡혀 있었던 것인가. '환상적인 여운이라도 어디엔가 부딪쳐서 머물었으면 하는 간절한 마음이 진정 나 혼자만 느끼는 망상은 아니었으리라.' 하고 애써 운동장으로 사실처럼 이끌어 가고 싶은 날이다

물찻오름 가는 길

신협 오름 동아리에서 서귀포 자연휴양림으로 가는 날이다. 당일에야 물찻오름이 개방되었다는 소식을 듣고 방향을 돌렸다. 개방하는 기간이 짧아서 그날을 놓치면 올해는 마주할 수 없는 오름이 되어 버린다.

사려니숲길에 들어섰다. 가뭄이 이어지면서 후덥지근하다. 앞서 걸어가는 사람들의 발자국마다 자갈 소리와 함께 푸석푸석 먼지가 올라온다. 오십여 년 전 심은 삼나무 인공림은 가지치기를 하여서 쭉쭉 올라갔다. 나무와 나무 사이에서 햇볕이 스며들면서 모든 자연들에게 양분을 제공하는 시간이리라.

세월이 녹아나면서 아무리 삼나무 뿌리에 독성이 있어도 서로 공생하고 있는 자연들이 저마다 특별하다고 자랑하고 있다. 초입에 눈길을 사로잡은 박새꽃은 수많은 애벌레가 탄생하면서 모태에서 벗어나려고 준비하는 무리와 같다.

하늘을 향해 치솟는 나무가 있는가 하면 나무와 나무 사이에 어린 나무들이 새로 생성하면서 중심이 되었을까. 넝쿨들이 나무 사이를 이어가 영토를 가득 채워가면서 서로 공생하는 모습이 오묘하다.

긴 숲길을 걷다 보니 물찻오름 올라가는 입구에 닿았다. 수년 전 왔을 때 분위기와 다르다. 이전에는 아무런 제약을 받지 않고 올라갔다. 언제부턴가 훼손된 오름을 보호하기 위해 산림청 등의 노력으로 더 이상 사람들이 들어갈 수 없게 통제하였다. 당시에 비해 더 많아진 관광객들을 개방할 만큼 자연은 재생되었을까. 해설인은 생물권 보호 지역이라는 걸 강조하며 동식물 등을 채집하거나 훼손해서는 안 된다고 설명한다. '의지해서 걸어가는 스틱도 접고 가라.' 고 설명하는 모습에서는 자연에 대한 사랑이 넘치고 있다.

처음 올라가던 당시에 훼손되었던 자연들의 모습을 떠올리며 올라갔다. 아무리 살펴보아도 훼손된 자연은 보이지 않는다. '이렇게 안전하게 재생되었을까.' 하고 사방을 살펴보니 몇 년 전 올라가던 길이 아니었다.

훼손된 부분을 되살리기 위해 다른 쪽으로 탐방로를 개설하였다. 거리가 멀어서 힘에 부칠 때쯤 정상에 도착했다. 가뭄이 겹치면서 분화구에 물이 없을 것이라고 설명하던 해설인 말과 달리 물이 고여 있다. 전처럼 분화구에 들어가지 못하게 통제된 시설이다. 멀리에서 보고만 있어도 가뭄에도 물이 고이는 위력을 지닌 습지라는 걸 당당하게 설명하는 것 같다.

특히 제주에는 아무리 장대비가 쏟아져도 화산토이기에 산천에 머무는 곳이 별로 없다. 많지 않은 습지는 유일하게 빗물을 저장해서 자연을 의지해서 살아가는 모든 생명들에게 순환의 길을 열어가는 역할을 하고 있다. 계속되는 가뭄에도 특별한 장소처럼 물이 고였다.

물이 마르지 않은 습지가 존재하기에 주변 넓은 영토에 서식하는 수많은 짐승과 새들의 목마름을 해결해준다. 화산토인 제주에 습지라도 없다면 숲을 풍성하게 키워가는 생명들은 어떻게 될까.

환경에 적응하지 못하고 죽어간다 하여도 사람은 그들에게 물 한 모금도 전해주지 못한다. 고작해야 자연을 사랑하고 보호하는 길이 전부가 아닌가. 아무리 숲이 풍부하여 수많은 생명이 살아간다 해도 물이 필요한 생명들에게는 습지가 없다면 살아남기가 어렵다. 자연도 인간의 삶처럼 어느 한쪽이 무너지기 시작하면 '불균형을 일으키는 현상' 이 일어나게 마련이다.

큰비가 오거나 태풍이 몰아닥치면서 산천이 무너져도 사람의 힘으로는 절대 감당하기 어렵다. 알게 모르게 우리가 살아가는 일상에서 도움받을 수밖에 없는 자연이다. 우리네 삶에 연결고리처럼 이어진 자연이 존재하기에 언제 어디서나 사람과 분리해서 생각할 수가 없다.

여기까지 생각하다 보니 사람의 손길이 닿을 수 없는 들과 숲속에서 살아가는 수많은 생명들에게, 목마름을 해결해 주는 습지의 역할이 대단하다는 걸 일깨워 준다. 소중한 습지가 존재했기에 거칠고 척박한 곳곳마다 다양한 자연들과 생명들이 자리 잡았으리라. 자연과 생명이 존재하기에 풍부하고 아름다운 섬으로 형성되고 있다.

분화구의 습지는 묵묵하게 유기적인 범위를 넓혀가면서 다양한 모태로 자리잡은 광범위한 힘을 지닌 생태계의 보고라는 게 절실하게 다가온다. 기운을 만끽하게 되면서 시대와 기후에 따라 품고 있는 대자연을 새롭게 맞이한 기분이다. '자연의 섭리가 이토록 위대하였던가.' 하고 생각하다 보니 들어선 곳이 다른 세계를 맞이한 것처럼 고단한 심신에 신선한 활력을 안겨 준다.

두산봉의 변화

이천십 년 경인년은 육십 년 만에 돌아온 백호띠가 태어나는 해이다. 사신 중 호랑이는 유일한 실제 동물이다. 이 해에 아들이 태어나면 호방한 기상을 지닌다고 한다. 특별한 말들을 듣다 보니 어린 시절에서부터 유년시절까지 수없이 넘나들던 두산봉의 형상이 한 편의 영화처럼 스쳐 지나간다.

어린 시절, 할아버지와 밭으로 가다가 두산봉 앞부분에 험한 부분을 보던 나는 "오름이 왜 저렇게 생겼나요?" 하면 "자세히 보면 호랑이가 입을 크게 벌린 형상을 하고 있다."라고 하셨다. 말씀에 따라 이리저리 수십 번 살펴보아도 내 눈에는 나타나지 않았다. 지켜보던 할아버지는 하나하나 가리키며 설명한다.

"앞부분의 절벽 사이 초지는 입술과 입술 사이 이빨로 보이지 않니?" 한다. 그 옆에 무성하게 자란 초지가 바람에 흔들리는 모습이 용맹하게 나타나는 표상의 형상으로 상상하라고 한다. 그제야 호랑이 얼굴로 다가온다. "그럼 몸통은 어디에 있나요?" 하자, 오름 앞에 닿았을 때 할아버지는 오름 형태에 따라 걸어가면서 "이 길을 잘 살피며 걸어가자."고 하셨다. 원을 반으로 돌아간다고 생각했을 때 호랑이 몸통이 마무리된 것처럼 공간이 나왔다. 거기가 우리 밭 입구다.

그날의 의문을 풀어주지 못하면 손녀는 이해가 될 때까지 의문을 제기한다는 걸 짐작한 할아버지는 밭으로 들어가지 않았다. 낮은 공간으로 두산봉 분화구로 올라가며 따라오라고 한다. 다 올라가자 분화구 맨 끝 서쪽에서 동쪽을 향해 손가락으로 가리킨다. "저 끝이 우리가 앞서 앞에서 본 머리 부분이란다." 하고 설명한다. 손가락을 남쪽 능선을 가리키며 북쪽까지 길게 이어오며 몸통이라고 하였다. 더 이상 설명하지 않아도 그 자체가 누워있는 호랑이 형상으로 다가왔다. 분화구 동쪽에 암석으로 이어지다 비어있는 공간이 앞에서 보았을 때 좌우로 돌린 호랑이 두상이라고 하였다.

그 공간으로 올라오는 오솔길이 있다. 긴장하며 올라와야 하는 공간이 바로 호랑이 두상이 마무리되는 '각호'라고 설명하던 부분이다. 호랑이를 연상하던 순수한 시대였다. 설화처럼 믿고 문화자료로 삼아 자연의 가치를 드높이던 시대가 아니었나 싶다.

당시는 나무와 숲이 별로 없었다. 오름 전체에 돋아나는 초지는 소들의 먹이가 되면서 사방이 선명하게 보였다. 예리한 조상의 눈을 통해 호랑이 부분으로 나타난 오름이라고 설명하기 시작했으리라. 대대로 내려오던 이야기가 할아버지가 나에게 설명할 때만 하여도 큰 변화가 없었기에 어린 나에게도 그럴듯하게 나타났다. 분화구 중심으로 오름 절반 전체가 호랑이 형상이었다.

분화구 동쪽에 논처럼 항상 물이 고인다. 밭에 와서 일하다 물이 부족하면 떠다 먹었다. 나는 속돌이 밀집해 있는 곳에는 기포가 생겨서 그곳에서 물이 솟아난다고 생각했다. 이제와 생각해 보니 폭우가 쏟아지면 능선에서 빗물에 휩싸여 내려온 속돌이 쌓여 있는 곳이었다. 비는 멈추었지만 능선에서 서서히 내리던 물줄기가 속돌이 있는 웅덩이로 내려오면서 일렁이는 모습을 보던 나는 물이 솟아난다고 생각했던 것 같다. 습지가 채워지면 밭고랑으로 졸졸 흐르는 소리와 참새들의 소리가 화음을 이룬다. 그 소리가 정말 아름답게 들렸다. 올라가면서 숨찼던 가슴에 맑은 공기가 스쳐지나가면서 잔잔하게 전신으로 잦아들었다.

오름이 생성하던 태고의 신비를 설명하듯, 부족함이 없는 산천이었다. 유년시절 까지 그렇게 느끼는 순간부터 내 마음속 깊이 각인되었을까. 수십 년이 지나서도 어디론가 달려가고 싶다고 생각하는 순간 제일 먼저 두산봉이 떠올랐다. 친정에 들르자마자 아버지에게 두산봉에 같이 올라가자고 하였다. 의아해하면서도 아무 말도 물어보지 않았다. 집에 와도 오래 머물지 않던 딸이 갑자기 찾아온 행색과 어설프게 웃는 모습에서 부모는 뭔가를 감지하였을까. 말없이 따라 나선다.

내 어린 시절, 오름에 있는 다양한 잡초는 소들의 반복적인 양식이 되면서 웃자랄 틈이 없었다. 시대에 따라 소를 키우지 않아서일까. 너무나 무성해서 발길에 치이고 걸리면서 넘어진다. 뒤에서 지켜보던 아버지는 어린 딸에게 말하듯 붙잡으며 "조심해라." 하고 앞장서 헤쳐나가며 길을 만든다. 사방이 탁 트이던 분화구도 무성한 잡풀과 개발하면서 산만해진 탓인지 산소 같은 공기는 옛날처럼 순환이 안 되었다.

논처럼 넓은 습지는 작은 웅덩이만 남기고 사라졌다. 아니 습지 전체를 높이 매우고 밭으로 사용하면서 오름 전체에서 내려오는 빗물을 받아들이고 순환하던 원천이 사라졌다. 그 위에 능선 중심부에는 깊이 파서 평지로 만들어 소들을 가두는 목장으로 이용하면서 태초의 형상이 사라졌다. 마구 개발하면서 공기와 물소리도 사라진 분화구는 너무나 산만하다. 일상에서 답답한 마음을 달래려고 갔다가 피폐해진 산천 앞에서 생각이 더 많아졌다.

내가 결혼하면서 아내이자 며느리이면서 두 아들의 어머니로 변하였다. 오름도 세월 속에서 본연의 보습과 기상과 상징의 가치가 파묻혀 버렸다. 시대에 따라 올레길 1코스로 알려졌다. 리본을 따라 걷다 보니 외길로 이용하고 있다. 옛날처럼 사방에 난 길로 이용하면서 기상과 상징을 살리며 잊혀져가는 문화를 색다르게 살려가는 방법은 없을까.

내 고향에 자리잡은 두산봉이다. 우주의 섭리에 따른 상징을 요람에 실어 유유히 다니며 대자연의 가치를 제대로 이용할 수는 없을까.

우도봉

제주문협회원들과 1박 2일로 우도로 떠나게 되었다. 소가 누워있는 모습을 지녀서 우도봉이라고 한다. 고요히 잠들어 있는 우직한 섬 주위에 출렁이는 파도를 타고 해녀의 숨비소리로 온 마을에 생계를 이어주던 섬이다. 해녀의 위상으로 드높여 평가 받던 시절은 어디로 사라졌을까. 시대에 따라 해녀의 가치보다 섬의 팔경이 더 높아가는 분위기다.

섬 특징을 보려고 밀려오는 관광객으로 하루 한 번 다니던 여객선이 성산과 종달리에서 수십 번 왔다 갔다 한다. 수많은 여행객과 대형자동차에서부터 소형자가용까지 하루 수백 대가 왔다 갔다 할 정도로 너무나 빠른 속도로 변한 모습에 놀라지 않을 수가 없다. '봉우리' 하면 다양한 삶 속에서 자연을 벗삼아 마을의 상징물처럼 인식하던 대상이었다.

오래전 그곳 사정을 잘 모르고 모임에서 놀러 갔다. 그때만 해도

'먹다 남은 물'이라는 속담처럼 주인 허락 없이도 어디에 가든 얻을 수 있다고 생각했다. 우리가 확인할 때는 없던 주인이 외출에서 돌아오다 물 받는 모습을 보자마자 "왜 남의 물을 받아 가느냐." 며 화를 내었다. 멀뚱멀뚱 쳐다보는 우리에게 묻는다. "어디서 왔어요?" "놀러 왔다가 물이 필요해서요." 아주머니는 대답 대신 수도꼭지를 잠그며 "물 얻으러 왔으면 흘리지 말아야지." 하고 혼자말을 하며 집안으로 들어가 버렸다.

절반만 받은 물통을 들고 일행이 있는 곳에 가서 설명했다. 그 사정을 대강 알고 있는 일행이 "지하수가 없기에 빗물로 모든 생활 수를 사용한다."라고 설명해주어서야 비로소 이해하게 되었다. 물이 정말 귀한 섬이라는 걸 알고 처음으로 물의 중요성을 생각하며 먹고 사용하던 날이었다.

그 일상이 엊그제 같은데, 많은 변화는 어느새 옛날이야기처럼 다가온다. 담수정 수장이 시설된 곳을 방문하게 되었다. 지하 육십 미터에서 취수해서 정수 처리한 후 하루 천 톤을 생산하고 있다. 물 인심이 박하던 시절에 비해 관광객과 섬사람들에게 온 · 냉수가 펑펑 쏟아지는 물로 목욕하며 넉넉하게 사용하고 있다.

물은 물론 차가 한 대도 없던 시절에 비해 본섬 못지않게 많은 차가 오고 가며 빠른 속도로 발전하는 이유가 있을까. 1986년도 우도면으로 승격하고 널리 알려지면서 각처에서 관광객이 들어오기 시작하였단다. 또한 국립공원으로 지정되면서 입장료도 받게 되었다. 그 돈으로 관광 사업에 투자하면서 활기가 넘치는 섬이었다.

박물관 사무국장은 문인들을 위해 무보수로 안내를 자청했다. 우도봉에서 사방을 설명하다가 본도에 있는 마을과 봉우리들을 가리키며 "나는 이곳이 섬이 아니라 저곳을 섬으로 생각한다." 며 서슴없이 자랑했다. 그 열의가 시대 흐름의 모습이었을까. 이대로 계속 개발한다면 '섬과 섬이 이어지면서 섬이라는 이미지까지 사라지는 것은 아닌가.' 하고 생각하게 된다.

저녁때가 되자 바베큐 파티가 벌어진다. 여러 기관에서 맥주와 과일을 한 아름씩 안고 인사 왔다. 아직도 옛날의 제주 인심이 살아 있음을 느끼며 계속 지난날과 비교하는 마음에 머물게 된다. 거친 바람이 배들을 거부했을까, 바다의 고기잡이 불빛보다 펜션 불빛이 더 밝다.

해녀들이 숨비소리를 파도에 싣고 해산물을 잡고 올라오는 이국적인 섬이었다. 밤이면 짠하게 들리던 파도 소리와 달리 사방에서 요란한 음악 소리와 폭죽 소리가 울려 퍼진다. 변화의 소리가 이어지면서 '지난날 정감이 넘치던 애환들은 잊어버리고 있는 게 아닌가.' 하고 현실을 즐기면서도 지난날의 삶에 매달리게 된다.

무엇을 위하는 미련이었을까. 변화에 안주하지 못하고 스스로 만들어 놓은 의문에 쌓였을까. 밤잠을 설치고 새벽에 일어났다. 혼자 장대비가 쏟아지는 빗속을 가로질러 우도 8경 중의 하나인 '후해석벽' 가까이로 내려갔다. 그날의 날씨를 벽에다 도장 찍듯 차–악! 차–악! 부딪치는 강한 파도를 보고 있었다. 거친 파도와 기후가 수천 년 서로 부딪치며 다듬고 깎아내며 다양한 작품이 나타난 절벽이다.

아무리 거친 파도라도 담담하게 받아들이는 후해석벽. 그와 달리 바람에 휩싸이려는 우산과 싸우며 서 있는 자신을 의식하게 된다. 부서지던 파도가 어깨까지 날아와 '눈은 수억 년 전 탄생한 보물을 보면서 마음은 무엇을 생각하느냐.'며 덮치는 것 같다. 비가 와서 '섬을 다 돌아보지 못한 아쉬움이라면 내일을 기약하고 그 자리에 파묻고 가라.' 는 듯 반복해서 파도가 날아와 벗어나라고 재촉하고 있다.

일출봉

한라산 중심으로 천혜의 자연 경관을 지닌 제주가 마침내 세계7대자연경관에 선정되었다. 고지에 오르기까지 국내외 수많은 기업과 기관이나 단체는 물론이고 대부분의 국민이 뜨거운 열기로 이끌어낸 결과다. 그 열망이 제주 브랜드 가치를 창출하는 데 시발점 역할을 하고 있다.

짧은 기간 내에 그렇게 많은 통화가 가능한 것은 서로 권하며 인터넷과 자발적으로 수화기와 휴대폰으로 쉽게 숫자만 누르면 바로 전달되는 디지털 시대이기에 가능했으리라. 서로 소통하지 않아도 제주를 사랑하고 기억하는 이들과 단기간에 합일체를 이룬 이슈 앞에서 놀라지 않을 수가 없다.

제주를 홍보하던 기간 동안 신문 방송마다 대부분 따라다니던 성산 일출봉 사진을 주시하게 된다. 높은 공중에서 찍은 녹색 분화구 부분만 집중하다 보니 바다 위에 떠있는 또 하나의 제주도 지도를 상상하게 한다.

백만여 년 전 거대한 수성화상 폭발로 화산암으로 형성된 모습이다. 최초에는 섬처럼 따로 떨어져 있었다. 오랜 세월 바닷바람과 파도에 의한 침식작용의 퇴적층으로 돌출되면서 섬과 섬 사이가 이어진 도로가 섬의 경계선을 지웠다.

새해 아침 태양이 떠오르면 일출봉을 정면으로 비춘다. 그순간 천상과 바다와 일출봉이 완벽하게 합일로 이루는 시간이라고 생각했다. 원대한 태양 앞에서 수많은 사람들이 외치는 메아리가 방송을 통해 나라 전체로 퍼진다.

일출봉을 정면으로 바라보고 오른쪽 해변으로 내려가면 동굴이 여러 개 있다. 친정 할아버지에게서 들은 이야기다. '신이 인간을 지배하던 먼 옛날 동굴에 머물던 신이 있었단다. 일출봉에 백 개의 봉우리를 세우고 무엇도 범접할 수 없는 무서운 맹수들을 키우며 섬 전체를 지배하려고 했단다. 지켜보던 천신이 바람을 일으켜 방해를 하여도 말리지 못하자, 보다 못한 지신이 다 완성되는 찰나에 일출봉을 뒤흔들어서 하나의 돌 봉우리와 신이 같이 바다로 떨어졌단다.' 하나의 봉우리가 모자라서 사람이 안전하게 살아가게 되었다는 이야기였다.

하나라는 숫자가 없으면 영이 따라다니는 단위는 어떤 숫자도 채워지지 않는다. 이제와 생각해 보면 일출봉에 애증을 가진 사람이 신에 의존하는 중생들이 늘어나자 지극히 현실적인 삶을 강조하기 위해 꾸며낸 이야기는 아니었을까.

반 이상 바다에 뿌리를 내려 뭍에서는 봉우리를 확인할 방법이 없다. 분화구에 누구나 자유롭게 드나들 수 있던 유년 시절이다. 친구들과 옛이야기를 따라 동굴을 확인하고 일출봉으로 올라가 확인하려고 하였다. 암반이 높고 험한 동쪽으로 인해 제대로 봉우리 숫자를 확인하지 못했다. 포기하고 분화구 중심에 넓게 비어있는 공간에 머물게 되었다. 내가 친구들에게 '이 공간이 옛날이야기에서 돌 봉오리와 신이 함께 떨어졌다는 곳이 아닐까.' 하자 서로 손잡고 자세히 밑으로 내려다보았다. 바로 밑에는 보이지 않고 저 멀리 파란 바다만이 보인다. 실망하듯 서로 돌아서는데 누군가 속돌에 미끄러져 흔들리면서 그 순간 함께 바다로 떨어지는 줄 알았다. 맨 앞에 섰다가 맨 나중에 친구들이 당기는 손을 잡고 겨우 올라왔다. 나는 그날 이후 높은 절벽에만 서면 고소공포증으로 바들바들 떨게 된다.

아무리 높은 곳에 선다고 누가 밀치는 것도 아니다. 그렇다고 광경이 움직이며 덮치는 것도 아니다. 태곳적부터 드러난 자리에서 많은 세월이 묻어나 있다. 보고 들으면서도 '왜? 지난날 위협에 처했던 순간이 머물고 오금이 저려야만 하는 것인가.' 하고 자신에게 수

없이 질문을 던졌지만 공포에서 벗어날 수가 없다. 높은 곳에만 서면 수십여 년 전 아찔했던 순간처럼 심장이 뛰며 빙글빙글 돌며 현기증이 일어난다.

내 평생에 두 번 다시 갈 수 없을지도 모르는 중국 장가계와 원가계에 설레는 마음으로 도착했다. 마음껏 보고 느끼며 즐겨야 할 시간에 과거와 현실 사이에 드나들던 고소공포증에 시달리게 된다. 보이지 않은 힘에 이끌려 다니는 것처럼 내 마음과 눈이지만 내 의지대로 안 된다. 그런 자신과 싸우다 보니 여행은 끝나 버렸다. 그렇게 아쉬운 날이 또 있었나 싶다.

나이를 먹으면서 정신과 감각도 성장한다고 생각했다. 그런데 아직도 높은 곳에만 서면 현기증이 일어난다. 수십 년이 지나도 드러나는 이유가 있을까. 순간의 감정이 각인되면 변화가 없는 것인가. 이젠 친구처럼 다루는 방법이 없을까.

세계 7대 자연경관 선정은 태곳적에 빚어 놓은 경관마다 보호하기 위한 취지였다. 자연과 화산재와 지질학적으로 다양한 제주가 심사위원들에게 주목받게 되었다. 세계인이 주목받은 섬을 제대로 살리는 특별한 길이 열렸으면 하고 생각하는 기회가 되었다.

자연과 동물

목장으로 사용하는 오름을 오르고 내려오면서 '목장으로 사용 안하는 오름은 어떤 모습일까?' 하고 의문이 생긴다. 의문을 풀기 위해 여문영아리 오름을 선택했다. 막상 올라가려니까 다양한 나무와 가시넝쿨이 가로막는다. 아무리 험해도 올라가고 싶은 내 심정과 달리 일행들은 망설인다. 쉬운 길을 찾다 보니 다행히 누군가 올라가던 길이 미세하게 보인다. 그 길을 따라 다양한 자연과 만나며 올라가노라니 사람이 자연을 지배하는 게 아니라 자연의 사람을 지배하고 있다는 생각을 하게 된다.

인간은 동물들 중에 제일 지능이 높고 강한 동물이라고 자부하며 살아간다. 그다지 험하지도 않은 자연 앞에서 쩔쩔매고 있는 자신을 의식하면서 '이렇게 무력한 존재였던가.' 하고 생각을 하지 않을 수가 없다.

수많은 자연들은 땅 주인이 심은 것이 아니다. 사방에서 다양한 씨앗이 날아와 자리잡았다. 다양한 잡초와 넝쿨은 싹을 틔우는 대로 소와 말이 뜯어먹으며 영양가 있는 재료가 된다. 아무리 크고 넓은 오름이라도 소와 말의 목장으로 사용하면 오름은 항상 본연의 형태로 드러나게 된다.

자료에 의하면 '여문영아리' 오름은 물이 없는 신령스러운 산이라고 한다. 너무나 어수선하게 자라난 환경에 신경쓰다 보니 의미는 다가오지 않는다. 정상에 올라와 산 전체를 바라보고 있노라니 멀리는 보여도 내가 선 자리에서는 한 치 앞도 내다볼 수가 없다.

농경사회에서는 드넓은 터전에서 수십 마리의 소와 말을 키워 나가던 곳이다. 개개인이 사소하게 키우던 소와 말을 시대 변화에 따라 전문적으로 키우는 곳으로 보내었다. 숫자가 많아질수록 초지도 수십 배로 늘어나게 된다. 이 오름에 자원은 왜 사용하지 않고 방치하고 있을까. 특히 나무보다 초지가 드넓은 오름이다.

외면하는 세월만큼 모든 자연이 웃자라서 계절에 따라 그대로 가라앉아 썩으면서 목초의 가치가 떨어지고 있다. 이용하면 자원이지만 멀리하는 만큼 소중한 자원은 애물단지처럼 다가온다. 과거와 현재의 삶이 서로 조화를 이루지 못한 오름은 사람과 공존하기도 어려운 환경으로 가고 있다는 걸 일깨워 준다.

북서쪽으로 두 개의 말굽형 굼부리로 급경사졌단다. 다양한 나무와 넝쿨 등으로 분화구를 채워 가면서 소중한 제주의 가치마저 보이지 않는다. 아무리 소중한 제주의 유래가 있다 해도 자연에 가려서 의미마저 사라지고 있다. 수십 마리의 동물을 일 년 내내 키울 수 있는 자원이 넘쳐나는데 방치하고 있는 모습이 너무나 아쉽다.

특히 농경사회에서는 사람과 동물, 자연은 함께 어울려 활력이 넘치던 곳이다. 나무는 그대로 두고 나머지 자원을 이용하면서 앞으로는 옛날처럼 사람들과 동물이 서로 어울려 힐링할 수 있는 공간으로 거듭나는 방법은 없을까.

멀리서 보기에는 오름 본연의 모습 그대로이다. 막상 정상까지 올라갔다 내려와 보니 겉과 내부가 너무나 다르다는 걸 일깨워 주는 오름이었다.

무인도에서

 신협 오름동아리 회원들과 기상대가 시설된 수월봉으로 향했다. 정상에 도착하자 바람이 태풍처럼 휘몰아친다. 다른 곳과 다르기에 제주에서도 가장 바람이 센 곳으로 알려졌으리라.

하얀 파도가 넘실되는 바다 가운데 강건하게 버티고 있는 차귀도가 보인다. 우측으로는 단산봉이 자리잡았다. 서로 마주보고 장단점을 논의하는 형제처럼 다가온다. 거친 파도가 부딪치는 차귀도 절벽은 수만 년 전 형성된 바위로 떠받쳐 그 위에는 들판으로 구성되었다. 십여 년 전 처음 그 섬에 들어갔다. 소와 말이 먹는 목초를 키우고 베어내서일까. 내부 전체가 시원하게 펼쳐졌다.

무인도이지만 인간의 일상에 따라 변화를 가져오는 것인가. 몇 년 후 다시 그 섬에 들어갔을 때는 목초를 그대로 방치하여서일까. 모든 자연이 갈대 키만큼 웃자랐다. 사람이 한 바퀴 돌아보는 길 외에는 들판 전체가 다양한 자연이 자리잡아서 그 공간에 갇혀버린 기분이었다. 앞 사람을 따라 정신없이 한 바퀴 돌았다는 생각뿐이었다. 아쉬움을 채우기 위해 차귀도 섬에 대한 자료를 찾게 되었다.

여러 가지 수목과 제주에서만 자라나는 해녀콩을 비롯해서 수십 개의 식물이 서식하고 있단다. 사람이 적극적으로 이용하지 않자 섬만이 품고 있던 생명력들이 다 드러나는 기회가 되었으리라. 수많은 종류의 가치를 살려서 보고 느낄 수 있는 방법을 기대한다면 지나친 욕심일까.

지금까지 내려온 전설을 읽다 보니 "송나라에서 고려에 귀화한 풍수사 고종달은 탐라에 인재들이 배출하는 걸 꺼려 제주도 지맥을 따라 흐르는 산혈을 눌러 놓았다."라고 씌어 있다. 나라의 인재는 흔하게 태어나지 않기에 어느 지역에 태어나던 나라를 위해 뜻을 펼친다면 온 백성들에게 이로움을 준다. 대부분 알면서도 예나 지금이나 개인적인 시기극이 벌어지는 이유가 있을까.

전체와 개체를 구별하지 못하는 어리석은 중생들을 일깨워주기 위해 한라산 호국신이 나섰을까. "차귀도를 걸쳐 중국으로 돌아가려는 고종달이 탄 배 위에 호국신으로 변신한 매가 감돌았단다. 북풍이 몰아쳐 배가 부서져 죽게 하고 고향으로 되돌아가지 못하게 하였다." 하여 차귀도라고 부르고 있다. 한라산은 섬 전체를 관장하는 산이기에 정말 사실처럼 느껴지는 전설이다.

자구내 포구로 내려갔다. 고산리 전 지역 지하에서 흐르는 샘물이 영앙길 바위틈에서 솟아나 바다로 내려가는 곳이 새로 시설되었다. 부분에 풍성하게 자라나는 수초를 보고 있노라니 샘물이 좀 더 넓게 머물게 하는 방법은 없었을까. 있다면 무기질과 섬유질이 풍부하여 우리 몸에 해독과 혈액을 정화시켜 준다는 미나리를 심을 수가 있다. 깨끗하게 정화되어 내려와 사라지는 약수를 이용해서 또 다른 가치를 살리는 길이 이어지리라.

마지막 코스로 단산봉 입구에 들어서자 보리수나무가 반긴다. 수천 년 전부터 오름 형태로 진화해온 과정 속에서 살아남은 생명 중에 하나였으리라. 천식과 기침 등에 효험이 있는 나무다. 해마다 유난히 줄기가 쭉쭉 자라난다. '터널처럼 손질했다면 관광객들에게 여름에는 시원한 그늘이 드리워진다. 겨울에는 따뜻한 온기를 안겨주며 다양한 가치로 새롭게 탄생하는 나무가 되지 않았을까.' 하고 상상을 하며 정상으로 올라갔다.

어린 방풍나무가 목초 사이에서 내다본다. 누군가의 손에 조상과 부모는 사라지고 애써 터전을 지키려는 자손처럼 애처로이 다가온다. 향긋한 향기가 나면서 쌉싸름한 맛으로 입맛을 돋우는 나물로 이용한다. 건강에 해로운 황사와 미세먼지를 해독하는 약성이 들어 있다. 특히 해풍에 잘 견디고 바위 틈에서도 끈질기게 서식하는 생명력으로 알려졌다. 풍성하게 진화하는 대신 점점 사라지고 있는 것 같다.

수월봉과 단산봉, 차귀도의 어느 쪽에 심어도 성장하는데 지장이 없는 방풍나무다. 그 지역만의 가치를 살려서 빈 공간마다 심어서 바다해풍과 맞서 싸우는 특별한 나물로 진화하게 하는 방법은 없을까. 실행할 수만 있다면 성장하는 모습 자체가 관광상품으로 나타나게 된다. 그뿐만 아니다. 점점 심각해지는 황사와 미세먼지에 도움받는 귀한 채소로 풍성한 가치로 거듭나는 길이 열린다.

세 번째 마주하게 된 지역이다. 태초부터 신묘하게 빚어 놓은 화산활동의 가치에 몰입하면서 탄성을 지르던 날과 다른 자신을 의식하게 된다. 처음부터 끝까지 '사소한 아쉬움에 집착하게 되었을까.' 하고 생각하며 버리려다가 의문 따라 나름대로 보고 느끼는 대로 생각하며 상상하던 날로 삼았다.

자욱한 안개

오름을 올라가다 보니 분화구 넓은 터전에 묘 한 자리가 보인다. 옛날 조상은 돌아가시면 오름과 야산에 모셨다. 한 자리만 자리잡은 묘를 보고 있노라니 영혼이 있다면 외롭겠다는 생각을 하게 한다.

수천 년 전, 탄생한 쉼터에서 검정 나비 한 마리가 풀잎에 살포시 내려앉는다. 이른 새벽에 무엇을 찾고 있을까. 이슬을 머금고 있나 싶어 가까이 다가가도 날아가지 않는다. 뭔가를 설명하듯 더듬이가 움직인다. 발까지 검은 나비를 보고 있노라니 윤회를 떠올리게 한다. '묘의 영혼이 나비로 환생하였을까.'

자욱한 안개에 가려 앞서 걸어가는 사람들의 움직임이 묘한 분위기를 자아낸다. 순간 『오름 나그네』 용눈이오름 마지막 단락에 "너울거리는 능선의 기복도 굽이치는 굴곡선에도 생동감이 흐르고 있다."라고 표현된 부분이 떠올랐다. '어떻게 오름에서 그토록 생동감 넘치는 모습을 볼 수 있었을까.' 하고 의문을 가지고 읽던 자신을 의식하게 되었다.

'이른 새벽에 안개 낀 분위기가 내 눈을 현혹시키는 것은 아닌가.' 하고 정신을 가다듬고 다시 능선으로 향하는 사람들을 보았다. 굽이굽이 휘어진 길 따라 자욱한 안개에 가려 걸어가는 움직임이 하늘로 승천하는 용의 모습으로 다가온다. 상상에서 벗어나려는 내 의지와 달리 더욱더 분명해진다.

대열에 앞장서 걸어가면 어떤 기분일까. 빠른 속도로 걸어가 합류할 때는 아무런 느낌이 없다. 속도를 내어 먼저 정상에 도착했다. 높은 곳에서 내려다보았다. 안개에 가려 올라오는 사람들의 움직임이 용이 유연하게 올라오는 모습과 비슷하다. 그뿐만 아니다. 멀리 휘어진 능선과 능선 사이에서 올라가고 내려가는 사람들의 모습이 잠에서 깨어나 꼬리를 흔드는 용의 모습이었다.

용눈이오름이다. 많은 시인과 작가들이 오르내리면서 안개 낀 능선과 사람이 서로 합일을 이루고 있는 모습을 그려 내고 있으리라. 자료를 살펴보면 시기에 따라 다른 모습으로 나타나고 있다. 같이 하는 시간에 따라 다르게 다가온다고 설명되었다.

높고 낮은 여러 개의 능선으로 구성되었다. 나무도 없고 주로 잔디로 구성되어서 사방이 탁 트였다. 오직 능선과 능선 사이에서 사람들의 움직임이 자욱한 안개로 가렸을 뿐이다. 보는 각도와 위치에 따라 다양한 형상으로 나타나고 있다. 태어나 처음으로 낯선 곳에 들어서 안개에 가린 용의 형상에 따라 이끌려 다니는 기분이다.

검정나비 몇 마리가 앉았다 한 마리가 날아가면 서로 너울너울 춤을 추며 따라 간다. 마음껏 하늘 높이 훨훨 날아다니지 않는다. 잔잔한 너울처럼 낮은 높이에서 영혼들의 세계를 펼치듯 주변만 맴돌았다. 오름 가까운 곳에서 4 · 3 사건으로 많은 사람의 목숨이 사라져갔다. 억울하게 숨져서 묻힌 영혼끼리 나비로 환생하였을까. 생전에 즐기고 싶었던 산천에서 마음껏 서로 애틋한 정을 나누고 있는지 모른다.

환상에서 벗어나야 한다고 생각하면서도 사방에서 다른 색의 나비를 찾아보았다. 내려올 때까지 살펴보아도 안 보인다. 의문을 풀기위해 언젠가 나비 박물관에 들렀던 기억을 더듬어 본다. 대부분의 나비들은 같은 종류라도 색이 조금씩 달랐던 것 같다. 날씨와 시간도 나비들이 날아다니기에는 '자욱한 안개가 내려앉은' 이른 아침이다.

정말 내가 상상한 대로 사방에 있는 묘의 영혼들이 나비로 환생해서 넋을 달래는 시간이었을까. 아니면 이른 아침 안개 속에서 영롱한 이슬을 먹으며 즐기는 검정 나비였을까. 제주수필아카데미에서 나들이 간 오름에서 관광객과 어울려 즐기는 시간에 나타난 현상이다.

의문을 따라다니며 수천 년 전 탄생한 굽이마다 묘한 감정이 이어지면서 생각하다 보니 어느새 내려오게 되었다. 검정 나비와 안개를 통해서 만들어낸 상상은 분명 꿈이 아니었다. 달이 지나고 해가 바뀌면서 그날의 감정이 점점 사라지는 것도 아쉬웠다.

교차하는 감정을 바로 다음날 찾아가 한 번 더 확인하려고 하였다. 기동력이 부족해서 함께할 수 있는 친구를 이날 저날 기다리다 기회를 놓치고 말았다. 내년 여름에 가서 다시 확인한다면 같은 정감을 살릴 수 있을까. 시기와 시간에 따라 다르게 다가오는 오름에서 나의 상상의 세계는 다시 찬란하게 피어날 수 있으려나.

지나간 시간과 세월은 두 번 다시 같은 모습으로 마주할 수 없다고 한다. '내 생에 언제 또 그런 기묘한 현상의 늪에 빠질 수 있겠는가.' 하고 생각하다 자욱한 안개에 가린 오름에서 용의 형상과 나비와 함께하던 시간을 되새겨 보았다.

윗세오름의 풍경

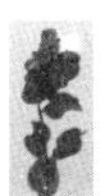

몇 년 전 윗세오름으로 향했다. 깎아 세운 듯한 병풍바위와 오백나한을 마주했다. 함부로 범접하지 못할 장엄함과 숭고함이 느껴져 발걸음을 멈추었다. 흐르는 세월 속에서 그 명성을 지키고 있다. 오랜 세월 풍화작용을 받아들이며 금이 가거나 이끼 낀 바위들이 긴 역사를 설명하고 있다.

다양한 능선과 능선이 이어진 태산이다. 발길이 닿는 곳 사방으로 올라가던 옛날과 달리 외길로 꼬리를 물고 오르내리는 등반객들이 이어진다. 닿는 발길마다 받아들이며 버거웠을까. 파헤쳐진 곳이 사방에 드러나고 있다.

해변에는 초가을이지만 목적지는 다른 세상처럼 쌀쌀하다. 눈앞에 보이는 정상은 자연이 훼손된다는 이유로 입산이 금지되었다. 단풍이 절정에 이르는 계절이기에 말로만 듣던 수천 명의 인파가 올라오고 있다. 수천 년을 키워 온 자연이 훼손되고 음식물로 오염시키고 있다는 방송을 보면서도 남편 일행과 함께 올라가게 되었다.

요즘은 매주 운동 삼아 다니는 사람이 많아졌다. 대부분 사계절의 모습에 반하고 건강을 위해 올라간다고 한다. 특히 웅장하고 당당한 자태로 섬 한복판에 우뚝 솟아서 제주인들에게 정신적 지주로 삼고 있는 최고봉이다. 명성만 들어도 올라가고 싶어진다.

무더운 여름이 되면 섬 동서남북 사방으로 알게 모르게 맑은 공기를 공급하는 허파로 자리잡았다. 도민들이 상징으로 삼던 명산마다 얼마 전에 세계 자연유산으로 등재되었다. 유명해지면서 세계인이 더욱더 선호하고 있다. 우리나라에서 제일 높고 넓은 한라산이 제주에. 드러난 모습보다 안 보이는 부분이 더 많기에 더욱더 중요성을 키우게 되는 태산이다.

제주의 중산간이 서서히 무너진다는 문제를 듣고 더 이상 믿을 곳은 한라산이라고 생각하며 올라갔다. 인간이 의지하며 살아가야 할 원천처럼 정상을 응시하여 본다. 신선한 바람이 자애로운 어머니 손길처럼 볼을 스치며 지나간다. 소중한 공기와 정기를 받으며 주어진 환경 속에서 살아가는 자연들을 자세히 살펴보았다.

나무와 나무 사이로 내리는 용천수가 보인다. 주변에 있는 나무들은 수분을 받아들이며 아무리 가물어도 별 지장이 없으리라. 적당한 습도를 유지하면서 풍성하게 자라나면서 낙엽의 색깔도 유난히 선명하다. 용천수와 아주 멀리 떨어진 곳에 있는 나무들은 가뭄에 시달리다 단풍이 들기도 전에 잎이 떨어지거나 메말라가는 나무가 보인다. 자연도 기후 이변과 변화에 따라 세상에 존재한다는 걸 알고 다가가야 하는데, 나는 그제야 정신적으로 지대한 기운만 요구하며 한없이 빠져들던 자신을 생각하게 된다.

아무리 높고 넓은 영토에서도 나름대로 치열함을 추구하는 자연을 확인하게 되었다. 태산이라고 무한함만을 펼치는 것이 아니었다. 다른 산과 같은 조건에서 같은 섭리를 받아들이며 주어진 대로 순환하고 있다. 지금까지는 무한함만을 느끼고 산 전체 부족함이 없이 언제나 특별하다고만 생각해 왔다.

말이 없는 자연은 어떠한 환경에서도 사계절 변화의 기후를 받아들이며 다양한 나무들이 스스로 원천의 힘을 키우고 태산으로 가꾸고 있다. 광범위한 에너지를 품었기에 해변에 살아가는 사람들에게 여름에는 시원한 공기를 공급해 준다. 태풍이 불면 넓고 높은 거대한 태산으로 다른 방향으로 돌려서 간접적으로만 머물고 지나가게 하는 지대함을 느끼며 살았다.

긴 세월 보기만 하여도 무한함을 느끼던 태산이다. 아무리 살펴도 거대하게 작용하는 젖줄은 안 보인다. 사람과 서로 절실하게 상호관계를 맺어온 세월의 원동력은 어디쯤에서 작용하고 있었을까.

보고 또 살펴보아도 정해진 곳이 있는 게 아니었다. 제주 중심에 제일 높은 태산으로 자리잡았다. 기후에 따라 순환하며 섬 전체로 펴지는 기운을 느끼며 살아가기에 호기심을 키우며 무안함만을 느껴왔다. 사람이 사방에서 받아들이도록 거대한 중심의 역할을 하고 있을 뿐이다. 도전체를 아울러 이끌어가게 하려면 더 많은 에너지가 필요한 태산이었다.

아무리 거대한 산이라도 자연이 존재하지 않는다면 지대함은 무엇으로 발휘하겠는가. 항상 흘러내리는 물줄기만이라도 사방으로 내리게 하여서 더욱더 많은 자연이 해택 받게 해야 하는 게 아닌가 싶다. 사라지는 나무가 없어야 태산을 위하면서 도민을 위하고 나아가서 세계인을 위하는 길이 아닌가.

수많은 사람들이 올라가고 내려오면서 훼손된다고 이제와 제약하거나 통제할 수도 없다. 현재와 미래를 위해 자연이 항상 풍부해야 언제까지나 섬 전체가 유기적으로 돌아가는 원동력이 생기지 않나 싶다. 산 기운이 멈추지 않아야 섬에서 살아가는 누구에게나 알게 모르게 '도움을 받는 태산으로 존재 하리라.' 하고 절실하게 생각하는 날이었다.

4부

예술이 머무는 공간

구상나무 앞에서

중산간 지역에 자리잡은 제주아트랜드에 들어서게 되었다. 세계 최고의 예술촌답게 너무나 광범위하다. 중산간 지역이 아니면 세울 수 없는 넓은 공간이다. 자세히 보고 들으며 경험하려면 하루가 부족할 것 같다.

넓은 야외 광장은 중앙에 연못이 중심이 되었다. 작은 분재에서부터 대형 분재들이 돌아가면서 자리를 잡았다. 그곳에서 가장 오래된 주목나무에 빠져들게 된다. 분재 나이가 구백 년이 넘었단다. 어디에서 왔을까. 그동안 누구의 손길로 인해 분재라는 이름을 달았을까. 천년을 살아간다는 주목나무다.

자연에 비해 인간은 고작해야 백년의 삶을 살아간다. 생이 짧아서 일까. 기술과 예술이며 문화를 담기 위해 아옹다옹 살아간다.

주목나무는 천년을 살기 위해서 몇 사람의 손길과 애증을 담았을까. 분재는 이식하면 다른 흙에 적응하기 위해 몸살을 앓는다고 한다. 완공한 지 겨우 이 년밖에 안 된 예술촌이다. 키우는 과정은 어디에서 마무리하고 머물다가 이곳에 왔을까. 오래전부터 그 공간에 터를 잡은 주인처럼 강건하게 보인다. 자세히 보고 있노라니 온갖 우여곡절을 겪으면서 세월의 압력에 견디지 못했던 부분이 보인다. 원둥치 부분은 절반 이상 벗겨졌다. 썩지 않게 석회석으로 상처와 메말라가는 부분들을 치료하듯 감싸고 있다. 나이를 지탱하는 특색처럼 다가온다.

색깔이 구별이 되기에 완전히 살아있는 실체보다 반쯤 사라진 부분이 더 많아 보인다. 본연의 나무 색깔을 지닌 가지들이 풍성한 잎으로 최상의 자태로 드러나고 있다. 경륜이 쌓인 선비의 기상처럼 의연하게 다가온다.

모진 세월 속에서 다가오는 거친 풍상까지 다 받아들이면서 혈이 맺힌 옹이와 나이테가 어떻게 생겼을까. 인고의 산물을 아무리 살펴보아도 안 보인다. 자신을 요란하게 드러내지 않아도 어디에서 장수의 기질이 나오는 것인가.

무수한 세월의 흔적은 치료하는 재료가 숨겨 버렸을까. 혼자 떨어져 조용히 한 작품으로 반해서 다가갔다. 아무리 몰입해도 세월의 과정과 내면의 세계는 감추고 있다.

나무 역사에 비해 한 번도 손질하거나 키워보지 않은 문외한이 애써 찾으려는 나를 오히려 분재들이 주시하는 것만 같다. 옆에 전문가가 있다면 확인하는 방법을 물어보고 싶다. 교육원 일행들은 시간에 따라 저 멀리 입구까지 나가고 있다.

생명이 긴 나무일수록 삶과 죽음 사이에 기간이 많아서 세파의 앙금이 가라앉기 전에 다 걸러낸 것인가. 깨끗하게 정제하는 습성이 잠재되었기에 재질을 강하게 만들어 갈 수도 있다는 생각을 하게 한다.

얼마나 견고한 나무이기에 '살아 천년 죽어 천년을 견딘다.' 고 하는 것인가. 목숨이 다하여 지상에서도 또 다른 생물들에게 집터와 놀이터가 되리라. 언젠가 '주목나무는 이천 년을 견딘다.'는 글을 읽으면서 쌓였던 의문을 풀기 위해 다가가 집착하게 된 것 같다.

자신의 능력이 한계에 부딪히며 되돌아오면서 다시 생각하게 된다. 이천 년을 견딘다는 생명은 다 모르지만 이미 이름만 들어도 특별하게 다가오는 나무가 되어 버렸다. 친정어머니가 돌아가시자 내 평생 친정에 갈 때마다 어머니를 대하듯 지켜보려고 주목나무를 사다가 심었다. 한 가지라도 더 배워보겠다는 마음에 따라 나무 앞에 다가가 함께하는 시간이 되었다.

전통 문화제

북과 징 · 꽹과리 등 악기를 치며 수많은 풍물 단체가 탑동 광장으로 들어온다. 아무리 끼 없이 태어나도 전통의 악기 소리를 듣다 보면 잠재되었던 세포들을 일깨우며 언제 어디서나 공유하게 된다.

얼마 만에 들어보는 소리인가. 몇 년 전만 해도 입춘이 가까우면 풍물 장단에 맞추어 흥겹게 주민들을 끌어들이며 마을을 한 바퀴 돌았다. 집집마다 방문하여 안녕의 기원을 빌며 신나게 한판 놀고 다른 집으로 이동했다. 일 년에 한 번이지만 늘 반복되는 일상에서 소진하여 가라앉아 있을 때쯤 힘차게 치는 악기의 소리가 집안 가득 울려 퍼졌다. 침체되었던 일상과 마음의 기운이 되살아났다. 비록 짧은 시간이지만 서로 어울려 녹아나는 울림이었다.

흩어진 전통을 한곳에 모아 도가 중심이 되었다. 각 읍면에서 나름대로의 민속 예술의 가치를 살리는 탐라문화제다. 많은 예술 중에 미역 채취 공연을 보았다. 어느 순간부터 내 어린 시절을 떠올리게 한다. 지금은 전복 · 소라에 비해 너무나 싼 해초다. 한때는 바다에서 나는 해산물과 해초들 중에 값이 많이 나가면서 생활에 도움을 주던 미역이었다.

농사처럼 미역도 마음껏 영글라고 누구도 손대지 못하게 금했다. 초봄이 되면 물때에 따라 해녀들이 같은 날 같은 시간에 깊은 바다로 들어간다. 일 년 내내 키워온 바다에는 농사를 지은 밭처럼 빈틈없이 미역이 자라나 있다. 빠른 손놀림으로 한 아름 가득 베어 안고 올라와서 망사리에 반복해서 담는다. 얼마나 빠르게 드나드는지에 따라 상군과 중군으로 나눠진다. 소군은 아예 들어갈 수가 없는 깊은 바다다.

할머니와 어머니는 할아버지가 만들어 직접 사공으로 나서 테우에 따는 미역마다 가득 싣고 뭍으로 들어온다. 기진맥진한 할머니와 어머니는 미역에 취해 참았던 호흡을 여러 번 '호~오이' 하고 내쉰다. 내 등에서 어머니를 애타게 기다리던 아기는 고단한 부모의 심정을 알 리가 없기에 빨리 젖 달라고 보챈다. 힘들다는 내색도 없이 살갑게 품에 안고 젖을 먹인다.

해녀복을 (소중이) 벗고 두터운 평복으로 갈아입어도 덜덜 떨고 있는 어머니 모습을 보던 나는 해녀는 되지 않으리라 다짐하곤 하였다. 하지만 제주 여성이기에 자라면서 저절로 배우게 되는 해녀의 길이다. 잠재되었다가 함께 공유하는 기회가 된 것 같다.

할아버지와 아버지는 바지게에 미역을 담아 여러 번 짊어지고 집으로 옮기면 산더미처럼 군데군데 쌓인다. 어머니는 먼저 바구니에 가득가득 담아 해녀를 못하는 집집마다 저녁 찬거리로 나눠주라고 한다. 고단한 내색도 없이 흐뭇한 미소를 지으며 미역을 처리할 장소를 정리한다. 나도 할머니가 만든 메밀범벅을 그릇에 담아 다니며 입에 넣어드리면 먹으면서 2-3개의 미역을 하나로 붙이는 작업이 밤이 깊도록 이어졌다.

동네 아낙네들이 '배가 있는 데다가 상군이 둘이나 되니 다르다.'고 탄성이 이어지며 같이 앉아 미역을 널었다. 큰 마당이 모자라 텃밭과 올레에 학생들이 줄지어 서 있는 것처럼 나란히 널었다. 그 광경을 보고 지나가던 사람들마다 상군 집이라고 칭하며 서로 가족처럼 즐거움의 광장으로 이끌어 간다.

다음날 도 할아버지와 해녀들은 바다로 가고 나면 아버지와 나는 미역을 뒤집어 널었다. 마르면 내가 신나게 열 개씩 포개면 아버지는 묶었다. 그렇게 묶어놓은 것을 다시 열 단씩 포개면 크게 묶어서 곳간에 차곡차곡 쌓았다. 지켜보던 어린 나는 뿌듯했다. 넘치는 감정으로 아버지를 향해 "이다음에 나도 어머니와 같은 대상군이 될 수 있을까요." 하자. "그럼. 우리 큰딸은 얼마든지 해낼 수 있고말고." 하며 북돋아 준다. 엄격하면서도 기를 살려줄 때는 정감이 넘치는 아버지였다.

어린 시절부터 해녀의 꿈을 키우게 하던 할아버지 할머니와 양부모는 이 세상에 없다. 그분들의 빈자리가 더욱더 허전하게 다가오던 날이다. 미역의 가격과 가치도 많은 변화를 가져왔다. 특히 해녀들에게는 시대에 따라 복지혜택이 많아졌다. 물이 스며들지 않는 고무 옷이 나왔다. '소중이' 입고 물질하던 시대에 비해 마음이 빈곤하지도 않고 추위도 덜하리라. 과거와 현재를 비교하며 빠져들고 있었다.

메밀범벅을 대나무 차반에 담아 구경하는 사람들에게 나눠 주자 사방에서 환호성이 터진다. 제주의 옛 인심을 다시 보는 것 같다. 환희와 함께하다 보니 미역조문은 공연을 더욱더 돋보이게 한다.

부모 세대는 지금에 비해 각박하고 빈곤한 삶이었다. 일상에서 서로 주고받는 풍부한 마음의 여유는 어디에서 왔던 것인가. 가끔 당시의 광경 속에서 즐거운 정감을 키우겠다는 나의 꿈은 무엇에 휩싸였을까. 나름대로 열심히 살아왔건만 내세우는 것 없이 늘 쫓기며 살아온 여운만이 감돈다.

각 처에 흩어졌던 풍물놀이와 악기들을 다루는 분들이 모여서 신명나게 전통의 공연을 펼치고 있다. 남녀노소 함께 어우러진 광장이다. 다양한 문화를 서로 체험하고 너와 나의 사이가 이어지면서 세상 살아가는 온기도 넘쳐나는 행사가 되었다.

예술이 머무는 공간

평생교육원에서 유명하게 알려진 '태왕사신기 세트장'에 들어섰다. 열 개 이상 예술 공간이 한 장소에서 즐길 수 있는 최대 규모다. 미술관에 들어서자 국내외 유명 작가들의 초대형 대표 작품들이 전시되었다.

동양 자수를 수년 놓으면서도 예술로 제대로 키우지 못해서인가. 작품 앞에 서면 부족한 점을 채우려고 집중하게 된다. 그림을 설명하던 해설사가 여기에 있는 작품들은 대부분 이삼억이 된다고 하자 서로 "네에?" 하고 탄성을 지른다.

가격은 사람의 감성마저 사로잡아 버린다. 장소와 분위기 리듬까지 깰 수 있는 위력을 지닌 것인가. 누군가 "우리 돈 모아 이 그림 삽시다." 한다. 그림을 구입한다 해도 가정에 걸어 놓기에는 너무나 크다. 공간과 여백이 꽉 차서 오히려 집안이 답답할 것 같다. 아무리 값진 작품이라도 살아가는 데 불편하고 돈의 가치를 느끼지 못한다면 무슨 의미가 있으랴.

고가품일수록 온도와 습기로 다가오는 곰팡이도 전문적으로 관리해야 한다. 좀먹지 않게 방지하려고 해도 사철 관리를 해야 한다. 아무리 값지고 소중한 작품이라도 제대로 관리하지 않으면 원형 그대로 보관하기가 어렵다. 나는 그림에 문외한이지만, 문제점들을 떠올리다보니 개인적으로 탐내기에는 무리가 따른다. 곁에 두고 감상하고 싶어도 여건이 허락해야 가능하다. 다행히 주옥같은 대작들을 적은 입장료를 내고 감상할 수 있는 세트장이 마련되었다. 감상할 수 있는 기회를 주신 것만으로도 얼마나 고마운 일인가.

온 정성을 담아 열정적으로 손끝과 붓끝이 합일체를 이루고 천부적인 예술품으로 완성하는 대작이 얼마나 될까. 무한한 인고를 껴안고 수년 아니면 수개 월 혼이 담긴 작품을 마주하려고 많은 사람들이 방문하고 있다.

그림 한 점만으로도 평범한 사람에게는 한 재산이다. 표구비만도 고급차 한 대 값이라고 설명한다. 다가가 재질을 살펴보았지만 그 가치를 알 수가 없다. 아직도 그림과 액자에 견문이 좁은 탓이리라.

갖고 싶다는 갈망보다 그날처럼 여가를 이용해서 편한 마음으로 휴식을 취하며 안목을 키울 수 있다는 것만으로도 너무나 행복하다. 일상에서 벗어나 자연과 예술을 마주하고 나면 감흥이 감돌면서 뿌듯함이 넘쳐난다. 전국에서 자주 새로운 작품이 들어오는 제주에 살고 있는 것만으로도 자부심까지 생기게 하는 공간이다.

생각을 이어서 감상하는데 어디선가 정감 있게 지켜보던 〈농악〉 작품 앞에서 멈추었다. 힘이 넘치면서도 예술의 혼이 정교하게 드러난 작품이다. 실행하던 모습 그대로 정말 정교한 대작에 빠져들게 된다. 몇백 평 되는 건물이 높으면서 넓은 공간과 여백이 농악 놀이패가 격렬하게 펼쳐지며 살아 움직이는 것 같다. 술렁이던 내 마음속으로 파고들어간다. 사소한 동작까지 생동감이 넘치는 예술 투혼으로 펼쳐지고 있다. 축제 감흥에 사로잡혔다. 짧은 시간이지만 천부적인 예술의 진가가 넘쳐나는 공간에서 안목을 키우는 시간으로 삼았다.

제주의 시조

이제는 정보화 시대로 변해서일까. 제주가 섬이라는 생각보다 나라 전체가 경계선이 사라지면서 어느 지역과 다르지 않다는 생각을 하게 한다.

제주의 시조는 삼신인이 땅의 기운을 받아 용출하던 세 개의 혈에 있다. 혈 주변에 수많은 나무들이 우거졌다. 삼신이 태어난 곳을 보호하고 '고 · 양 · 부' 삼성사재단으로 자리잡았다. 혈이 있는 곳을 처음 보는 순간 세 자녀를 품은 모성애의 태동을 상상하게 한다.

많은 변화에 사라져가는 전통 한옥으로 위패를 모신 사당과 삼성정 등 정교하게 지은 옛 모습을 볼 수 있는 곳이기도 하다. 수백 년 된 고목들이 주변에서 삼성혈을 향하여 경배를 하듯, 신비로운 자태로 고개를 숙인 형상을 하고 있다.

아무리 비가 많이 오거나 눈이 와도 일 년 내내 고이거나 쌓이지 않는단다. 다가가 구멍 내부를 보아도 잘 안 보인다. 제를 지내는 날이라서 다행히 가까이에서 엿볼 수 있는 기회를 얻었다. 이리저리 살피는데 보이지 않은 기운이 맴돌고 있는 것처럼 저절로 경건한 마음으로 차분하게 가라앉게 한다.

정말 혈맥이 흐르는 기운이었을까. 아니면 구멍의 깊이를 가늠하기 어려울 만큼 깊은 내면에서 나오는 기운이었을까. 기후 변화를 흡입하면서 잔해물을 받아들이고 내려 보내고 있는지 모른다. 바다로 이어졌을까. 아니면 산천으로 이어졌을까. 어쩌면 제주섬 전체가 이어져서 아직도 태동이 흐르며 모든 신화를 관장하고 있는지도 모른다. 높은 곳에서 삼성혈을 보고 있노라면 도심 속에 거대한 나무숲으로 자리 잡아서 그 자체만으로도 특별하게 다가온다.

생각할수록 점점 빠져들면서 신비로움에서 벗어나지 못한다. 이제는 관광객이 공항에서부터 용두암과 관덕정까지 올레 코스로 이어진다. 도로를 건너면 동문시장에서부터 자연박물관이 나오고 삼성혈까지 이어지면서 인기가 높은 동선이 되었다.

삼성혈이 알려지면서 삼성혈과 관련된 장소도 알려지고 있다. 고양부가 태어나 자라면서 대부분 화렵 생활을 하였단다. 어느 날이었다. "목함을 타고 벽락국에서 온 세 공주가 제주섬에 도착한다." 보고 있던 세 남성은 '화를 멀리 날리는 사람이 먼저 마음에 드는 공주를 선택하기로' 한다. 세 남성이 쏘았다는 '삼사석'이 화북에 있다.

서로 정해지자 결혼식을 올리고 하룻밤 같이 지냈다는 '혼인지'는 온평리에 있다. 관광객이 드나들면서 제주 유적지로 자리 잡았다. 옛 모습을 그대로 보존하며 역사와 향토문화를 키워가는 본원지 역할을 하고 있는 삼성혈이다.

몇 년 전에 제를 지내는 날 찾아갔다. 봄과 가을에 두 번 지낸다고 한다. 너무나 경건하다. 제를 지내는 과정이 궁금했다. 제를 지내기 위해 술은 백 일 전부터 직접 담그고 있단다. 한 달 가까이 농익은 술독에서 청주로 가라앉혔다가 맨 위에 맑은 술을 제주로 사용한단다.

일주일 전부터는 제기를 씻고 제복을 세탁한다. 제의 봉행에 만전을 기한다고 한다. 제관은 한 달 전부터 선택하는데 홀아비와 상을 당한 사람은 안 되는 원칙이 있단다. 현관과 집사를 십사 명 선택한다. 삼 일 전부터 본격적으로 제관들은 전사청에서 지낸단다.

현관들에게 검증받고 축을 완성한다. 제물을 봉황하는 의식도 책임관 현관들 앞에서 다양한 음식 품목마다 점검받으며 올린다. 제주에서부터 제물까지 만드는 과정에서 올리는 과정을 확인하고 신중하게 행하고 있다.

시대가 너무나 많이 변한 현실에서 이렇게 정성을 들이는 곳이 또 있을까. 준비가 끝나면 제관들은 각자 입어야 할 제복으로 갈아입는다. 집사는 현관 한 분씩 모시고 입구에서부터 하얀 천을 따라 시조들이 모셔진 곳까지 천천히 모셔간다. 차례대로 준비례와 전패례 · 초헌례와 아헌례 · 종헌례까지 한 분씩 모셔가는 절차가 이어지는 모습이 너무나 경건하게 다가왔다. 정성껏 마련한 상 앞에서 한 분 한 분 정성을 다하여 제를 올린다. 축문을 낭독하였다. 마지막으로 축문을 태우면서 제를 마무리한다. 제주와 제물을 마련하는 과정에서부터 제를 마무리하는 과정이 더 없는 정성이었다.

고 · 양 · 부高 · 梁 · 夫가 형성한 지 몇 백 년이 지난 지금 후손들이 시조에 대한 마음은 큰 변화 없이 정성을 담아 제를 올리고 있다. 태어나 처음 접하는 정성이다. 긴 날짜와 시간을 투자하는 정성과 마음이 대단하다. 과정을 알게 되면서 무엇으로도 흉내낼 수 없는 전통으로 이루어지는 마음에 저절로 숙연해진다. 참석한 천여 명의 참배가 끝나자 음복을 마련한 곳에 가서 앉는다. 참석한 분들이 먹을 음식도 제주의 옛 인심을 살려서 정성을 듬뿍 담았다.

선택된 십사 명의 현관과 집사는 '서로 탈 없이 마무리하였다.'는 위로와 함께 긴장하던 시간이었다는 뜻 안도의 숨을 내쉬는 것 같다. 경건한 마음으로 자리를 잡으며 참석한 분들과 인사하며 함께한다. 처음부터 끝까지 차분한 모습으로 정성을 다하여 마무리하는 모습이 눈물겹도록 경건하다. 참으로 시조에 대한 예의가 존엄성으로 이루어지면서 존경심이 저절로 나오게 하는 뜻깊은 시간이었다.

세월을 품은 계곡

정실마을 입구에서부터 골짜기 주변으로 굽이굽이 난 오솔길을 돌아 방선문 앞에 섰다. 기암괴석으로 빙 둘러 감싸고 터널처럼 위가 덮어지고 앞뒤로 트인 곳이 있다. 공간에서 나오는 바람은 땀으로 흠뻑 젖은 전신으로 파고들어가 정말 시원하다.

맑은 공기가 나오는 이유가 있을까. 주변에 뿌리가 내린 나무들이 오랜 세월 자생하며 그늘을 드리우고 있다. 돌로 구성되었기에 햇볕을 차단하고 오고가는 바람을 가두고 순환하며 녹아나는 산소였으리라.

가뭄이 길어지면서 계곡 바닥에는 돗자리를 이어 펼쳐 놓은 듯 넓은 암석과 크고 작은 바위로 빽빽하게 자리를 잡고 있다. 비가 자주 와서 물에 잠겼다면 밑바닥에서 전혀 다른 공기를 느끼며 자세히 관찰할 수가 없었으리라.

다음 비 올 때까지 마음껏 '숨 돌릴 여유를 가지는 계곡을 방해하고 있는 것은 아닌가.' 하고 생각하다 사방을 보고 있노라니 수천 년 깃들여진 기운이 오히려 사람을 주시하고 있는 것만 같다. 크고 넓은 계곡은 언제부터 형성되었을까.

제주는 한라산 중심으로 돌아가면서 바다까지 비슷하게 경사진 섬이다. 폭우가 쏟아지면 지상의 모든 동식물들에게 공급하다 나머지는 낮은 곳으로 내려가게 마련이다. 반복되는 폭우로 땅이 파이며 사방에 계곡이 생기기 시작하였으리라. 수천 년 세월 속에서 태풍과 폭우가 반복되는 동안 산사태도 일어나기 마련이다. 둑이 무너지면서 주변을 휩쓸고 떠내려가던 물줄기가 서로 합쳐지면서 원시적인 계곡이 탄생하면서 계속 키워왔으리라.

수천 년 기후 변화에 따라 끊임없이 진화하며 섬 전체 순환하다 남은 빗물을 받아들일 수 있는 진리의 큰 그릇과 같은 보고였다. 우리가 편하게 살아가자고 인위적인 개발을 하면서 계곡으로 내려가는 빗줄기의 길을 가로 막으면서 빗물은 길을 잃고 가옥과 밭으로 침투하면서 피해를 주고 있다.

방선문 계곡은 한라산 탐라계곡과 열안지오름 동쪽에서 내려오는 물줄기가 서로 만나 용현으로 내려간단다. 많은 빗물의 양을 받아주는 바다가 언제나 기다리고 있다. 얼마나 절묘하게 이루어지는 근원지인가.

수천 년 섭리를 축적하며 자력으로 만들어진 계곡은 그곳만이 아니다. 한라산 중심으로 섬 전체 돌아가면서 형성된 계곡이 여러 곳이 있다. 강한 물살로 계곡의 원형을 키우면서 훼손되기 마련이다. 훼손된 부분을 복구하지도 않았는데 강하게 내리는 빗물의 양에 버거워 견디지 못해 사방이 무너지는 계곡도 있다.

비가 많이 오면 홍수로 걱정하게 된다. 안 오면 가뭄으로 애타는 일상이 해마다 이어지고 있다. 두 달 가까이 비가 내리지 않자 빗물의 가치가 얼마나 소중한지 일깨워 준다. 폭우가 쏟아지면 계곡으로 한꺼번에 몰려오는 빗물을 바다로 내려가기 전에 분산해서 또 다른 그릇에 저장하는 방법은 없을까.

예측 불가한 기후변화로 언제 닥칠지 모르는 자연재난을 어떻게 대처해야 합일점을 찾을 수 있을까. 자원으로 이용하며 가뭄과 물난리를 동시에 해결하는 방법이다. 끊임없이 생각하던 마음은 다니던 계곡마다 주시하게 된다. 크고 작은 폭우로 수천 년 악순환이 거듭하면서 끊임없이 형성하던 계곡을 우리는 얼마나 관심을 두었던가.

먼 옛날부터 거칠게 쏟아지던 폭우로 인해 제주의 수난을 계곡에 새겨놓았으리라. 인간의 오장육부 못지않게 미세하게 나름대로 자리 잡은 형상이다. 원천의 힘은 우주의 진리를 받아들여 오랜 세월 깃들어 온 과정과 의미를 파악하고 인식해 왔다. 본연의 계곡을 생각하면서도 뭐든지 쉽게 다룰 수 있는 산업화 시대를 맞이한 것은 아닌가. 수천 년 비 올 때마다 자력으로 만들어진 길을 빼앗겨 우왕좌왕하는 폭우가 우리가 살아가는 일상에서 많은 혼돈을 주어야 우리의 삶을 돌아보게 된다. 앞으로 예상할 수 없는 엄청난 폭우가 쏟아져도 변함없이 믿고 도움 받을 곳은 계곡뿐이다. 언제나 말없이 존재의 가치를 녹아나는 역할로 우리 주변에서 끊임없이 자용하고 있다. 원천의 힘을 빼앗는 개발이 아니라 덜어주는 길을 찾아야 할 단계에 와 있는 것은 아닌가. 실행이 가능해야 폭우가 쏟아져도 도민의 삶을 수용하는 거대한 그릇의 가치를 제대로 살릴 수가 있지 않나 하고 스스로 긍정적인 생각을 하며 집착하던 계곡에서 벗어나게 되었다.

동굴의 변화

솔솔 부는 바람이 산등성이 녹차나무 가지에 잠시 쉬면서 흔들리는 풍경이 너무나 아름답다. 오랜 세월 밀림으로 지속되던 땅을 정리한 곳이다. 토양을 깊이 판 후 유기농으로 경작할 수 있는 환경으로 바꾸어 놓은 모습이다. 아열대와 한대 등 다양한 생명이 살아가는 지상이기에 강력한 에너지 원천이 아닌가 싶다. 그 기를 받아 서로 생존의 경쟁에서 살아남으려는 다양한 범칙 앞에서 인간과 나무만 군락이 있는 게 아니다. 다양한 잡초들도 군락을 이루며 오랜 세월 터를 잡아 살아가고 있다.

만물이 뿌리를 내려 오랜 세월 동안 주인이 많아진 터전에서 깊이 정리하면서 무농약으로 대응하며 녹차 소득을 올리고 있다고 한다. 농약을 사용하지 않던 시절 도 있었다. 세월 따라 나타난 병충해들은 자생력이 너무나 강해서 요즘은 무농약으로 농산물 수확하기가 어렵다고 한다.

시대의 변화를 깨고 유기농으로 녹차를 지속적으로 키울 수 있다면 여러 가지 채소와 농산물 자리까지 무농약으로 키울 수 있는 길이 열리지 않을까. 점점 유기농으로 농사를 짓는 농부들이 늘어난다면 농민들은 환경을 살리게 된다. 소비자는 건강한 식품을 안심하고 먹을 수가 있다. 상상만 해도 공기 맑은 제주는 천국으로 다가온다.

녹차 밭 주변과 중심지에서 일만여 년 전 주거 흔적이 있는 동굴이 두 개나 발견되었다고 한다. 시대에 따라 사건이 일어나면서 기존의 모습들은 파묻혀 버렸을까. 대지에 내리는 찬란한 햇빛도 못 받아들이던 곳이다. 지구 변화로 부딪치는 갖은 풍상도 모르고 있었으리라. 오직 지상의 잔여물들이 산화되어 지하로 내려가는 수액을 맛보며 주거용 품목들을 지키고 있었을까. 지하 세계에서 영원히 잠들어 버릴 수도 있었다. 수천 년 후 태어난 자손이 녹차 밭을 깊이 정리하는 과정에서 다시 세상에 드러났다.

잠에서 일깨워 지하 세계에서 형성되었던 세월을 지상으로 이끌어 내었다. 소통 할 수 있는 유물을 중심 삼아 시설하였으리라. 상상하며 지하 동굴로 들어섰다. 지상의 온기보다 시원하다. 긴 세월의 공간과 원인을 찾아 이어갈 만큼 인간은 시대에 따라 동굴을 끊임없이 연구하는 노력을 아끼지 않고 있다.

시대에 따라 동굴을 소중하게 생각하는 것인가. 아니면 이 시대에 걸맞게 시설하였을까. 큰 동굴은 레스토랑으로 운영하고 있다. 너무나 세련된 그릇에 해산물이 담긴 그릇을 보는 순간 동굴과 어울리지 않는다는 생각을 하게 된다. 일만여 년 전 그릇을 찾지 못한다면 토속적인 그릇에 담을 수 있는 방법은 없었을까. 작은 동굴은 카페로 운영하면서도 토속적인 이미지를 느낄 수가 없다. 원시적인 삶을 떠올릴 수 있는 특별한 장소였으면 하고 생각하게 된다.

다른 지방에서도 동굴을 이용하여 음식과 차를 즐기는 장소가 있을까. 제주에서는 처음 시도한 것 같다. 원시적인 터전에서 서로 음식을 주고받던 교육원생들과 그 안을 둘러보게 되었다. 동굴 속에 또 다른 아주 작은 공간이 있다. 탁주 대신에 양주와 도기 대신에 플라스틱 찬통이 보관되었다. 비록 작은 공간이지만 일만 년 전 살림을 구입할 수 없다면, 토속적인 그릇이라도 재현하고 '부부의 살림살이로 꾸며주었으면.' 하고 생각하게 하는 공간이었다. 들어서면서 시대에 따라 운영하는 장소에서도 나도 모르게 지난날 유물들을 연상하게 하던 마음이 혼자만의 생각이었을까.

캄캄한 지하에서 인고의 세월 속에서 견디던 특이한 동굴이다. 부부가 한 마음으로 백년해로하며 살았던 터전이라고 한다. 설명한 글을 읽으면서 인간은 지하 내면의 세계를 다 보거나 완전히 느낄 수도 없다. 동굴 입구에서부터 레스토랑 입구까지 뚝뚝 떨어지는 물방울을 이어 생각하게 되었다.

긴 세월 동안 지상에서 잔해물이 녹아난 물줄기와 서로 맥을 이어오면서 공간을 일깨우며 지하 세계를 지켜왔으리라. 오늘을 살아가는 세대지만 일만 년 전 일상을 마주하게 되자 당시의 뭔가를 기대하며 다가갔던 것 같다. 긴 세월 잠재되었던 공간이 지상에 드러난 것만으로도 도민과 관광객들이 선호하는 동굴이 되고 있다.

만장굴

만나면 언제나 반가운 제주수필아카데미 회원들과 일박 이일의 일정으로 행원리에서 열띤 하계세미나를 가졌다. 이튿날은 만장굴로 향했다. 몇 년 만에 마주한 동굴인가. 난간이 세워지면서 내부가 달라졌다. 자주 들르면서 내 시야가 넓어졌을까. 이전에 왔을 때보다 훨씬 높고 넓어 보인다. 공간과 천장을 아무리 살펴보아도 기둥이 없다. 다른 재료도 덧대지 않았다. 무엇이 이 크나큰 공간을 지탱하고 있을까. 과학적 공법으로 땅을 깊숙이 파고 들어가면서 완성한 터널 못지않게 큰 동굴이다. 자연의 섭리에 따라 탄생했다는 게 믿어지지 않는다. 마주할 때마다 의문이 생기면서도 그 공간에서 벗어나면 나와는 무관한 것처럼 잊어버린다.

그날은 해설사가 벽면에 다양한 선들을 가리키며 용암 유선이 여러 차례 지나간 흔적이라고 설명한다. 귀를 쫑긋 세우고 열심히 들어도 이해가 안 간다. 막연하기만 하기에 지금까지 관심을 가지지 않았는지 모른다. 한 부분이라도 더 알리려고 애써 설명한다. 그 모습에서 도민의 한 사람으로서 한 번도 만장굴을 제대로 알려고 하지 않았던 자신을 되돌아보게 한다.

만장굴은 사람이 지상에 존재하기 수천 년 전에 거문오름에서 분출하던 용암이 내려와 형성되었단다. 지금까지 보고 들었던 과정을 떠올리며 자료에 연결 시켜 보았다. 용암은 한꺼번에 분출하지 않았다. 섬 사방에서 수년 수없이 분출하면서 길고 넓은 계곡이 먼저 생겼으리라. 바닥과 동굴의 원형처럼 기초가 자리잡은 다음 지금의 만장굴로 형성하기 시작하지 않았을까.

자료를 찾다보니 화산이 분출할 때 땅속 깊은 곳에 잠겨있던 암장이 하구로부터 솟아난다고 한다. 분출된 용암이 지표면으로 흘러내리면서 생긴 동굴이라고 한다. 내가 생각하던 계곡과 설명하던 부분을 연결시켜서 생각하다보니 어느 정도 이해하게 된다. 특히 여러 번 흘러간 유선과 바닥에 굳어진 바위와 돌멩이들을 살피다 보니 한꺼번에 완성된 동굴이 아니라는 걸 알 수가 있다.

용암은 비오는 강도에 따라 하천이 넘치는 현상과 같다고 한다. 그와 마찬가지로 처음 강렬하게 흐르던 용암이 분출할 때마다 만장굴 공간이 가까이에 있었다면 무작정 채워지면서 크나큰 암석에 불과했으리라. 용암이 분출하던 거문 오름과 만장굴의 거리가 알맞은

장소였기에 동굴로 형성되었다는 생각을 하여 본다.

아무리 몇 천 도의 용암이지만 분출하면서 장애물을 이리저리 피하며 내려오는 동안 강도와 온도가 낮아지게 마련이다. 점점 낮아진 강도는 계곡까지 내려와서 부딪쳤으리라. 계곡 양쪽의 주변 고비마다 흘러내리면서 자연적 높이를 쌓아가게 된다. 안으로 조금씩 넘치던 용암으로는 다양한 유선의 무늬를 새겨지게 된다.

강하게 분출하던 용암도 세월이 가면서 서서히 양과 속도가 줄어들 수밖에 없다. 먼저 흘러간 용암이 굳어버리기 전에 나중에 흘러내리던 용암의 온도가 적절하게 이어지는 현상으로 동굴 높이를 계속 쌓아 가게 된다. 서서히 양이 적어진 용암이 분출할 시기에 강한 바람을 타고 높이 쌓은 벽 이쪽에서 저쪽 사이를 그물처럼 퍼질 수도 있다. 수차례 덧씌우며 계곡과 계곡 사이에 공간을 단단하게 이어가며 지붕의 형체로 갖추어 가지 않았을까. 상상하다 '혼자만의 엉뚱한 생각이면 어쩌나.' 하고 다양한 자료를 찾게 되었다. '용암이 공급할 때까지 계속 동굴 지붕 위로 넘쳐흐르면서 거대하고 완벽한 용암 동굴로 형성 되었다.' 는 자료를 읽게 되었다. 그제야 동굴의 실체를 이해하면서 작품으로 이어가는 뒷받침이 되었다. 들어설 때마다 크고 넓어서 막연하게만 느껴지던 동굴이 마음으로 다가온다.

수천 년의 세월과 역사의 과정을 고스란히 간직한 용암동굴이다.

공간에 있는 돌멩이들도 동굴을 형성하면서 떨어진 원석이 있을 수도 있다는 생각을 해 본다. 자연의 섭리로 탄생하던 과정을 나름대로 확인하며 다가가다 보니 한없이 경이로운 동굴이다. 수천 년 세월의 공간을 뛰어넘어 마주한 동굴을 어찌 한꺼번에 다 이해하려 하겠는가. 내가 사는 지역과 멀지 않기에 언제든지 감상하며 의문을 풀어갈 수가 있다.

영원히 퇴색되지 않은 특별한 용암석주를 비롯해 다양한 유선이 지난 역사의 과정을 설명하듯 겹겹이 새겨졌다. 긴 세월 침묵 속에서 무한한 언어와 교훈이 담겨져 있는 가치는 그 무엇에도 비교할 수 없는 특별한 동굴이 되었다. 앞으로는 동굴에 들어서면 지금까지 외면했던 돌멩이 하나에도 관심을 가지는 능력을 키워졌으면 하고 생각해 본다.

5부

자연과의 공존

함께하던 소철나무

글을 쓰다 말고 옥상으로 올라갔다. 화단 있는 쪽에서 시선이 멈추었다. 소철나무 복판에 뽀송뽀송한 자태가 눈길을 사로잡는다. 달빛에 비친 모습은 달이 그대로 내려앉은 듯, 원형의 모습이 신비롭다.

오래전 남편이 자그마한 소철나무 두 그루를 가지고 왔다. 단년생 꽃과 같이 키웠다. 어느 날 화분에 금이 간다. 날이 갈수록 점점 벌어지더니 화분 밑에까지 완전히 나갔다. 뿌리의 힘이 얼마나 강하기에 탄력이 있는 화분을 뚫고 나왔을까. 다른 화분으로 옮겨 심으며 저절로 관심을 가지게 된다.

몇 년이 지나자 다른 나무에 비해 성장 속도가 빨라서, 자주 분갈이할 것을 대비하여 두 아들이 물놀이하던 큰 통으로 옮겨 심었다. 그 주위 공간에는 일년생 꽃들을 심어 두 아들과 같이 감성을 키우는 화단으로 삼았다.

두 아들이 중학교에 들어가자 공부하는 시간이 늘어나면서 꽃과 함께하는 시간이 줄어들었다. 마침 해풍에 꽃들이 피해를 입는다는 걸 알게 되자 더 이상 꽃은 심지 않았다. 자연스레 남아 있던 나무에도 무관심하게 되었다. 사람의 손길이 다가가지 않자 그대로 망가지는 나무도 다반사이다. 소철나무는 일 년에 두세 번 잡풀을 뽑아주며 다가간 것이 전부였다.

열대식물이기에 무관심했음에도 성장하고 있었다. 자라면서 큰 화분 가득 채워가며 스스로 성장하는 소철나무였다. 화분 가득 채우고 뿌리 사방에 같은 생명체를 키우고 있다. 나는 나무와 꽃에서 벗어나면서 '무엇을 일구어 왔을까.' 하고 되돌아보게 한다.

새롭게 다가온 소철나무를 보면서부터 새로운 공기가 필요하면 나도 모르게 다가가게 된다. 마주하면 언제나 새로운 변화를 안겨준다. 같은 날 심어서 양쪽에서 나란히 성장하면서도 성장 속도가 앞서거니 뒤서거니 자랐다. 한동안 무관심하다가 다가가도 한쪽에서 놓친 부분을 다른 화분에서 감상하게 된다.

과정을 함께하다 보면 모든 계획을 세우고 사철 당당하게 살아가는 사람과 같다. 제일 먼저 나무 중심에 미색의 원으로 키우며 자리 잡는다. 원 속에 바늘 모양으로 생긴 자줏빛이 드문드문 생기면서 산봉우리처럼 모아진다. 은색으로 변하며 서서히 높이를 키운다. 더 자라면서 연두색으로 변하며 기존에 있는 잎 사이사이에 자리 잡아 간다. 자줏 빛으로 자리잡았던 실체는 수십 개의 잎에 받침으로 서서히 자리잡아가는 모습이 너무나 오묘하다. 잎이 길이를 키우고 진녹색으로 완성하고 밑으로는 굵어지면서 공간을 좁혀가면서 나무의 원형으로 자리잡는다. 받침에 무늬가 생기면서 사방으로 퍼지는 잎으로 동시에 원둥치도 같이 성장하는 기간이 일 년이 더 걸린다.

줄기 없이 잎으로만 원둥치 형태를 살리기 위해 혹독한 추위 속에서도 다양한 과정으로 태우며 당당하게 성장하고 있다. 어떠한 환경 속에서도 쉬지 않고 자신을 완성 시켜가는 모습을 보고 있노라면 무한한 희망과 삶을 일깨워 준다. 어떠한 어려움 속에서도 멈추지 않고 나름대로의 가치를 '끊임없이 성장시킬 수만 있다면 내일을 위한 희망이 언제나 꿈틀거리지 않을까.' 하고 생각하게 하는 소철나무다.

결실의 계절

자영업을 하다 그만두게 되자 시간적 여유가 생긴다. 그동안 쓰고 싶었던 소재들을 마무리하리라 다짐하지만 쉽게 풀리지 않는다. 새로운 공기가 필요하다는 마음에 따라 동료에게 일손이 필요하면 연락하라고 하였더니 정말 전화가 왔다.

주렁주렁 매달린 과실수 앞에 섰다. 지난날 밀감을 키우던 날들이 새록새록 떠오른다. 하루 이틀에 완성된 결실이 아니다. 일 년 내내 계절과 기후와 맞서던 다양한 모습들이 반긴다.

혹한의 겨울을 이겨낸 밀감나무가 봄에 꽃을 피운다. 병충해가 생기면 꽃이 떨어질세라 노심초사하던 농민들은 적합한 농약으로 처리한다. 해마다 불어닥치는 태풍을 대처하지 못해서 위기에 처한 나무들을 보면서 수심이 가득한다. 바람이 잦아들면 다시 병이 생기거나 벌레가 생기면 '어쩌나' 하는 걱정을 하며 일 년에 농약을 여러 번 사용한다.

꽃이 지고 새 눈알만 한 형체가 형성하면서 자연 재해에서 열매들을 보호하려고 나무는 뿌리의 힘까지 동원했으리라. 기진맥진한 나무에 비라도 내려 주었으면 활력이라도 되찾으련만 가뭄까지 겹치던 여름이었다. 수분을 열매마다 나눠 주느라 시들어가던 나무를 보던 농부들은 얼마나 마음이 아팠을까.

애써 길어다 주던 물로 간신히 생명을 유지하면서 이 많은 열매를 돌보느라 농민과 나무는 얼마나 애쓰던 결실인가. 다행히 하품보다 상품이 더 많다. 결과가 잘 나오기에 농부는 위안 삼아 계속 가꾸게 된다. 한 조각 입에 넣으면 새콤달콤한 맛이 온몸으로 퍼지면서 갈증이 해소된다. 더 이상 다른 과일이 필요 없을 정도로 맛과 향이 만족감을 주는 특산품이다.

지난해는 밀감 성장하는 시기에 비가 많이 와서 당도가 떨어져 상품이라도 제값을 받지도 못하였단다. 하품은 밀감나무 밑에 버린 농민들이 많았다. 농민들이 아무리 당도 높은 감귤을 생산하려고 애써도 적당한 시기에 하늘에서 내리는 천심의 도움 없이는 완전한 상품으로 탄생하기 어려운 시대가 되어버렸다.

자연재해로 흠집이 생기지 않고 태양의 빛을 받으며 안으로는 당도가 농축되고, 밖으로는 보기만 하여도 먹고 싶은 황금빛으로 자리잡아야 상품으로 선별된다. 전 국민의 사랑을 받으며 제주의 특산품 가치를 넓혀가는 길이 힘들고 방해물이 많은 과일이다.

'올해는 가격이 잘 나왔을까.' 하고 생각하는데 때마침 주인에게 걸려온 전화 한 통화에 의문이 풀린다. 전날 농협에 보낸 밀감이 관당 오천 원이 넘은 높은 가격이 나왔다며 활짝 웃는다. 일 년 내내 긴장하며 쌓이던 근심을 다 내려놓는 미소가 아니었나 싶다.

밀감 농사 많이 짓는 서귀포 쪽에 많이 안 달리는 해란다. 양도 적은 데다가 당도가 높아서 소비자들이 선호하고 있다. 올여름에 가물어서 나무는 온 힘을 쏟아내느라 기진맥진하였다. 농민들은 물을 주느라 땀방울을 흘렸지만, 당도가 높아지면서 맛있고 가격도 높아지면서 농민의 마음을 흡족하게 하는 해가 되었다.

밀감을 따러 온 분들은 다 나이가 많았다. 단련된 손놀림만은 노련하다. 평소에 농사를 짓거나 일당을 받고 다니는 분들도 대부분 나이가 많다는 농촌의 실정을 자주 들었다. 제일 나이 많은 분이 87세이고 적은 분이 78세라고 한다. "밀감 철에 한 달 이상 다니다 보면 몸살이 나지 않아요?" 매일 따는 것도 아니고 비 오는 날은 쉬니까 건강에 지장이 없단다.

오히려 농촌에서 가위 하나만 들고 다니며 할 수 있는 고급 일이라고 한다. 무심코 던진 말이지만 강인한 정신이 깃들어 있는 세대라는 생각을 하게 한다. 팔십 평생 묵묵하게 농촌을 지켜온 분들이다. 나무가 높아서 콘테나 위에서 따면서 키 작은 할머니는 두 개를 포개고 사용한다. 나무 사이로 옮겨 다니려면 힘들어도 분신처럼 온종일 함께 달고 다닌다.

나무에 매달린 밀감을 맛있게 먹던 참새들이 먹이를 빼앗기듯, 요란하게 소리치던 광경이 마음에 와 닿았다. 어쩌다 손이 잘 안 닿는 곳에 있는 큰 밀감을 보면서도 새들의 양식이 되기를 바라며 내 의미대로 두었다. 두고 온 알맹이를 발견한 할머니가 되돌아가서 따고 온다. 새가 먹다 남은 밀감까지 땅으로 떨어뜨리고 깨끗하게 처리하는 분들이었다. 하나의 결실도 소중하게 생각하는 할머니들이 사는 서귀포에 있는 밭에서 고정 인부로 받아들이다가, 제주시에 있는 밭까지 모셔 왔단다. "앞으로 몇 년 더 밀감 따러 다니실 겁니까." "88세까지만 다니고 안 다니려고 하지만 심심하면 다시 밀감밭으로 가게 될는지 모른다."라며 웃는다. 얼마 남지 않은 생은 편하게 누리다 가고 싶은 마음 대신 아직도 일에 대한 미련이 가득하다. 세월과 시간을 지배받고 살아가는 인생이다. 농촌 생활이 온몸에 녹아 있는 세대들이 일손을 놓으면 제주에 수천 톤의 밀감을 누가 다 키우고 수확을 하려나.

생각을 뒷받침하듯 나르던 외삼촌 대신 휴가를 받고 밀감을 나르던 주인 아들이 오후가 되자 힘들다며 멈추었다. 사방에서 광주리

달라고 야단이다. 공부를 하고 직장에 다니는 세대다. 밀감이 담긴 광주리를 들고 나무 밑에서 허리를 굽히고 다니기가 쉽지 않았으리라. 어릴 때부터 농사 일로 뼈가 굳은 구세대는 고된 일상 속에서도 순응하며 평생을 이끌어 왔다. 정말 젊은이들에게는 '어렵고 힘든 농촌이 되어 버렸을까.' 하고 생각하게 하는 날이다.

우묵사스레피 나무

오름 전체에서 절반은 해안선을 따라 절벽으로 떠받쳐 구성되었다. 동쪽으로 올라가는 길이 있고, 서쪽으로는 오른쪽과 왼쪽으로 올라가는 길이 있다.

올라가고 내려오는 길에서 내부를 제대로 들여다볼 수가 없어서인가. '저 숲속에는 어떤 세계가 펼쳐지고 있을까.' 하고 의문이 생긴다. 가끔 알 수 없는 새소리를 따라 들어서려면 넝쿨과 가지가 많은 나무들이 가로막는다. 올라갈 때마다 매번 같은 자연들과 함께하다 보면 호기심과 흥미마저 사라진다.

어느 날 옥상에서 저 멀리 우뚝 솟은 서우봉을 보고 있노라니 '나를 알면 얼마나 알고 있느냐.'고 반문하는 것 같았다. 계절과 기후에 따라 관심을 갖다보니 육지와 바다의 경계선에서 강풍과 맞서 싸우며 차단해 주기에 사람들은 피해를 덜 받는다는 생각에 이르렀다.

아옹다옹하며 수시로 변하는 인간의 삶과 다르다. 늘 그 자리에서 성장하는 소나무 등 다양한 자연들을 풍성하게 키우는 지주 역할을 하고 있다. 복잡한 현실을 생각하다 답답하여 눈을 돌리면 언제나 넉넉함을 안겨주는 오름이다. 정신적으로 의지하면서도 자주 갔다 왔다는 이유로 점점 멀리하고 있었다.

몇 년이 지났을까. 남편이 서우봉에 새로 길이 만들어졌다며 같이 가자기에 신이 나서 따라갔다. 해변 길을 따라가니 갯내음이 코끝을 자극한다. 수천 년 전 화산 폭발로 드러난 현무암의 절벽들이 눈길을 사로잡는다. 멀리서만 조망하던 성난 바다는 거친 파도로 바위와 절벽에 부딪치는 파편을 날리며 기세를 드높인다.

오름 중간 지점으로 올라가 북쪽 능선에 닿았을 때였다. '우묵사스레피 나무' 군락지가 펼쳐진다. 평범하지 않고 비범하게 한쪽으로 쏠려있는 모습에 넋이 나갔다. 그 모습을 따라가다 보니 수십 그루가 아니다. 수천, 수만 명의 군영에서 수십 개의 크고 작은 소대처럼 집합해 있다. 모두가 북쪽에서 남쪽을 향해 서서 뒤에 있는 군인이 앞에 있는 군인 어깨에 팔을 얹어놓은 훈련 동작에서 멈추어 있는 것 같다.

분명 내가 사는 지역에서 보고 있건만 이상적인 세계에 들어선 것 같다. 능선을 향해 같은 자세로 이어져서 북쪽 면적 대부분에 분포해 있다. 일 년에 몇 번 불어오는 강풍으로 기초를 다졌을까. 그

이후 기후에 따라 손질하며 크고 작은 걸작품으로 완성하기까지 몇 년을 이어 왔으리라.

너무나 경사진 지형이라 길을 내지 않았다면 혼자는 엄두도 못 내었을 곳이라고 생각하니 더욱더 소중하게 다가온다. 우묵사스레피 나무들이 서식하는 곳에 길을 내었을 뿐인데 터널이 생겼다. 드러나기까지 수많은 고난과 맞서 생존경쟁에서 살아남은 자연이다.

자연의 섭리에 따라 수많은 고난과 부딪치며 메말라가면서 상처까지 입어서 애처롭다. 많은 인고의 세월을 감수하는 동안 지구의 상호작용으로 만들어내는 근원적인 이치를 다 담아내어 특별함을 지닌 소산물이 되었다. 그 무엇이 사람의 손길 없이 이런 흉내를 낼 수가 있겠는가. 정말 자연의 섭리로 만들어진 예술작품이다.

보물보다 더 애착이 가던 수많은 나무들을 막상 마주하게 되자 마음껏 표현하고 싶은 마음은 넘쳐난다. 마음과 달리 '내가 저 특별함을 제대로 보고 느끼고 있을까.' 하고 의문이 생긴다. 주변의 많은 자연들 중에 유독 우묵사스레피 나무만이 한 방향으로 쏠려 있다. 신기함에 사로잡혀 더 나아갈 수도 없고 그렇다고 멈출 수도 없었다.

기간이 얼마나 지났을까. 일 년이면 충분히 숙성되는 된장보다 더 오랜 세월 망설이고만 있는 자신을 의식하게 되었다. 처음 이상적으로 다가오던 감정을 제대로 살리기 위해 해마다 나무 군락지를 찾았다.

모진 북풍이 바로 부딪치는 곳에서도 꿋꿋하게 견디며 푸름의 본분을 지키려고 밀집해 있는 사철나무의 모습이 너무나 강건하게 보인다. 강풍을 철통같이 방어하듯 서로 촘촘하게 엮었다. 비장한 결집력은 다가오는 강풍과 맞서 분산시키는 역할이 얼마나 중요한지 말없이 설명하고 있는 것 같다.

같은 오름이지만 북쪽 능선에서 이렇게 치열하는 사철나무 덕에 다른 쪽에서는 간접적으로 스쳐 지나는 바람이 되었으리라. 사방에 다양한 농산물과 수많은 자연들이 안전하게 진화하며 다양성을 드러내는 오름이었다. 이렇게 자연의 오묘한 섭리가 존재하지 않는다면 제주의 척박한 땅과 거친 바람으로 불모지가 될 수도 있는 부분이 얼마나 많겠는가.

'리에서 마을 지킴이' 로 구성된 분들의 노력으로 새로운 둘레길이 개발되었다. 바다와 다양한 자연을 한꺼번에 마음껏 즐길 수 있는 관광지로 알려졌다. 이상적인 우묵사스레피 나무를 마주하면서 지천에 있는 서우봉의 가치를 제대로 확인하는 계기가 되었다.

고목나무

목적지를 향해 달리던 버스가 제주대학 입구 신호등 앞에 대기한다. 외롭게 홀로 서 있는 소나무 한그루가 눈에 띈다. 뿌리에서 이미터쯤 위에서부터 쌍둥이처럼 똑같은 크기로 나란히 올라가고 있다.

잔가지까지 녹화 마대로 칭칭 감았다. 끝이 잘린 몇 개의 가지도 감아서 병이 든 것인가. 얼마나 오랜 세월 그곳에 외롭게 서 있었을까. 도로가 나면서 나무들이 무더기로 잘려나가다가 특별한 나무만 남겼을까. 나무가 중심이 되면서 양쪽에서 차들이 제대로 들어가고 나오는 도로가 되었다. 나무를 보며 지나갈 때마다 반복되는 의문을 풀기 위해 원예과로 전화했다.

"입구에 서 있는 소나무 몇 년생인지 알 수 있을까요?"

"150년에서 200년쯤 되지 않을까요."

"그럼 대학이 설립하기 전부터 서 있던 나무인가요?"

"아닙니다. 작년에 심었습니다." 뜻밖의 대답이다. "그 전에는 소나무가 없었나요?" "그 자리에 비슷한 소나무가 있었지요. 보존과 방치로 서로 의견이 달라서 해결점을 찾는 사이에 소나무는 죽어버렸습니다." 이후 비슷한 나무를 구해다 심게 되었다는 설명이다.

"녹화 마대는 왜 감았을까요?"

"나무를 캐어 내어 옮겨다 심을 때까지 난 상처들을 감싼 것입니다." 그래도 뭔가 아쉬워 얼마 후 직접 가서 살펴보았다. 녹화 마대로 단단하게 감아서 껍질에 지장이 있는지 없는지는 알 수는 없다. 마대를 감은 틈 사이로 그동안 있었던 많은 우여곡절을 겪으면서 나타났을까. 잘린 가지에서 또 다른 생명력이 나오면서 자라나고 있다. 지금은 고목이 된 소나무도 서로 다른 의견이 나올 만큼 가치가 없는 시대가 되었을까.

내 어린 시절 친정 할아버지가 틈만 나면 관리하던 소나무 밭이 있었다. 고목나무 앞에만 서면 나와 하던 이야기도 멈추어 버린다. 밑에서부터 꼭대기까지 살펴보며 흐뭇한 미소의 눈길을 보낸다. 한참 호기심이 많고 샘이 나던 나는 "손녀보다 나무가 더 좋아요?" "너도 내게는 소중하지만, 이 나무도 중요하다."고 한다. "왜요?" "잘린 가지는 땔감이 되고, 원 둥치는 내가 죽으면 들어갈 관을 만들다 나머지는 집 지을 때 목재가 된다." 고 설명한다. "그래서 사러

와도 안 팔았나요?" "나뿐만 아니라 할머니와 평생 도움 받은 네 부모까지 내가 가기 전에 관으로 마련해 놓아야 할 나무들이란다." 하고 흐뭇하게 설명했다.

그날 이후 고목나무를 볼 때마다 할아버지 말씀을 되새기며 나무에 대한 가치를 생각하곤 하였다. 어느 날 외양간에 거름을 내려고 소들을 소나무 밭으로 몰고 갔다. 언제나 그러하듯 나는 입구에서 소들을 지켰다. 할아버지는 소보다 앞서가 허물어진 밭담이 없나 살피셨다. 조금 있으니까 "이거 어떤 놈들 짓이야! 나쁜 놈들." 하며 계속 외쳤다. 무슨 일인가 싶어 달려갔다. 할아버지가 애지중지 아끼던 큰 소나무들을 누군가 다 베어가 버렸다.

자식과 자손이 잘못해도 욕 한번 안 하고 선비처럼 타이르시던 할아버지 성품에서 계속 울분이 터져 나온다. 내가 태어나 처음 보는 울분이었다. 남아있는 가지들을 당신 분신처럼 만지며 어쩔 줄 몰라 쩔쩔맨다. 이리저리 살펴봐도 큰 나무는 하나도 남김없이 사라져 버렸다. 울먹이시던 할아버지는 너무나 막막해 했다. 많은 세월이 지나간 이제와 생각해도 애잔하게 다가온다. 당신의 마지막 희망과 사랑이 송두리째 사라졌으니 얼마나 아쉽고 아팠을까.

할아버지는 멍석에서부터 다양한 생활 도구를 짜고, 대나무로 바구니를 만들어 판매할 정도로 재주가 뛰어난 분이었다. 그 솜씨로 당신 부부와 일본에서 사는 큰아들 대신 늘 의지하는 작은아들부부 마지막 가는 길만은 당신 손으로 마련해 주고 싶었으리라. 평생의 꿈을 키우던 나무가 사라졌으니 얼마나 아팠을까. 안타까운 마음은 쉽게 내려놓지 못하였다. 잘려나간 나무 밑둥치에 앉아 매만지며 아픔을 삭이는 모습을 자주 보았다. 어린 내 어깨에도 여운이 내려 앉아 무겁게 느끼던 시절이었다.

할아버지는 저세상에 가시고 수십 년이 지나면서 그토록 마음을 담던 소나무 가치는 완성된 관이 나오면서 옛날이야기가 되어 버렸다. 한국화 소재로 삼으면서 사철 푸르러 군자 절개 지조 등으로 비유하는 예술의 상징으로 삼고 있는 소나무다. 나 역시 공단에 소나무 등 동양자수를 놓으며 청춘을 태우는 동안 목재와 관은 수입하는 시대로 변해 버렸다.

소중할수록 사용했을 때 그 가치는 무한하다. 예술과 언어로 병풍과 액자 등으로 꾸며 놓으며 문화와 정감을 살리는 예술로 자리 잡는다. 가치를 알리며 상호관계를 맺고 균형을 잡아가는 분들도 아직 많다. 잔잔하게 설명하는 언어의 가치들이 우리가 살아가는 일상에서 아직도 예술로 이어가는 중심이 되지 않나 싶다.

제주대학 입구에 지금 서 있는 소나무가 관여하는 사람들의 사정에 따라 시대의 아픔과 상처를 안고 자리를 옮기게 된 소나무의 모습이었다. '사람도 제 몫을 다 찾기 전에 누군가에 의해 파묻혀 살아 가는 인생은 아닐까.' 하고 생각하게 하는 소나무다.

벚꽃의 터널

화창한 삼월이다. 평생교육원으로 가는데 가로수로 심어진 벚꽃나무 가지마다 팥알만 한 봉오리들이 눈에 띈다. 제주대학 입구에 들어서자 자세히 보기 위해 창문을 열었다. 새 눈알만 한 작은 봉오리들이 차고 매서운 겨울부터 형성하고 있었을까. 혹독한 추위가 지나자 바로 나타난 모습이 신기하기만 하다.

날이 갈수록 선명하게 피어나는 벚꽃과 가까이 교감하고 싶은 욕망이 일렁인다. 일주일에 한 번 다니는 도로이기에 마주하자 해맑은 유치원생들처럼 꽃망울이 방긋방긋 피어오르며 생기가 감돌았다. 서로 앞다투어 자신들의 실체를 내보이느라 가지마다 분주하다.

차를 타면 한 시간 정도 걸리는 거리다. 해변에서 목석원까지는 온도가 비슷하다. 그곳에서부터 제대 입구에 들어서면 온도 차이를 느끼게 된다. 일주일 만에 버스를 타면서 만개한 꽃송이와 마주하리라 생각했다. 마음과 달리 꽃들은 대부분 지고 있다. '올해는 무리지어 활짝 핀 꽃을 못 보고 지나는구나.' 하고 아쉬워했다. 제주대학 입구에 들어서자 활짝 핀 꽃들이 가지마다 휘청거리며 터널을 만들었다.

유리창을 열고 그윽한 향기에 취해본다. 감미로운 내움이 코끝을 지나 심장까지 자극한다. 만발한 봄의 계절이 머문 곳에서 마음껏 운치에 빠져보리라. 공부가 끝나자 긴 교문을 걸어 나오노라니 곱디고운 모습에 빠져든다. 가까이에서 접하는 벚꽃은 마구 설렘에 빠져서 가슴을 벅차게 한다.

벚나무는 모진 북풍과 싸우며 최선을 다해 일 년에 한 번씩 봄꽃으로 드러나고 있다. 보고 있노라니 나만의 '매력을 살려 본 적이 있던가?' 하고 되돌아보게 한다. 유년시절 그 많던 꿈은 세월 따라 일상에 파묻혀 개꿈처럼 하나 둘 사라지고 있다. 내세울 것 없어서인가, 무르익은 한 계절의 벚꽃이 너무나 풍성한 매력으로 다가온다.

다시 벚꽃을 마주할 때는 비 오는 날이다. 꽃 대신 잎으로 균형을 잡아가던 다른 지역과 다르다. 전날부터 내리던 비가 청소하는 일상이 멈추었을까. 촉촉이 내리는 빗속에서 계속 눈송이처럼 떨어지며 쌓여있다. 길게 펴진 회색 바탕에 분홍 물감을 풀어 놓고 마음껏 그림을 그리고 있다. 기온 차이가 따스하게 나는 지역에서 놓친 과정을 여기에서는 관찰하도록 뒷받침하여 준다.

걸작품으로 간직하고 싶은 내 마음과 달리 빗줄기로 지우고 나면 이어서 내리는 빗줄기로 붓 삼아 다시 그림을 그린다. 비가 중심이 되어서 지우고 그리는 반복을 계속하고 있다. 붓이 되던 비가 멈추면 청소하는 빗자루에 휩싸여 여운까지 사라지리라.

사람은 보고 느끼는 감정이 있기에 자연과 공존하며 여가를 즐기는 시간으로 이어가게 된다. 벚꽃들은 또 다른 내일을 위해 흔적도 없이 사라진다. 장소와 상관없이 벚나무는 풍성한 잎으로 색과 모양의 경계선을 지우고 가을을 기약하고 있다.

침묵 속에서도 계절을 뛰어넘기며 완숙한 자연의 섭리는 제대로 나타나고 있다. 사람도 서로 설명하지 않아도 노력만큼 삶의 경계선마다 지우며 가치를 쌓아가고 있는지 모른다. 풍성하면서 절묘한 매력을 지닌 벚나무와 함께하던 나날을 다시 차분하게 생각해 보았다.

소나무와 옹이

아들네 집 전망 좋은 십층에서 동쪽으로 돌아서면 수목원이 눈앞에 펼쳐진다. 어느 날 매일 그곳으로 운동하러 가는 남편을 따라나섰다. 입구에 들어서자 떨어져 쌓인 솔잎에 발길이 닿자 포근하게 감싸준다. 쑥쑥 올라간 소나무들은 몇 년이나 되었을까. 한 자리에서 온갖 풍상과 마주하면서 영원한 생명의 근원지로 자리 잡았으리라.

자연은 한 자리에서 수십 년 나름대로의 가치를 키우며 존재하기에 어느 날 갑자기 사람이 들어서도 함께할 수 있는 휴식 공간이 된다. 요즘 바쁘다는 이유로 걷기운동을 중단한 탓일까. 괭이오름이 그리 높은 산은 아닌 것 같은데 숨이 차서 헉헉거리게 된다. 연이어 지나가는 사람들마다 산책로를 운동코스로 삼아왔는지 쉽게 앞질러 걸어간다.

남편도 그들 못지않게 오르고 내리던 길이건만 뒤처진 아내를 위해 속도를 줄인다. 미안해서 무리하게 정상에 도착했다. 심호흡을 하며 소나무를 보고 있노라니 가지마다 옹이들이 서로 드러낸다. 옹이는 송진이 쌓여서 굳어진 것이란다. 얼마나 많이 흘러내리기에 한 가지에 여러 개의 형체가 생겼을까. 내 어깨에 매달린 것도 아닌데 버겁게 느껴진다.

남편에게 "소나무마다 옹이가 많이 생긴 이유가 있을까요?" 하자 "바람이 많이 부는 정상이라서 더 많이 생기지 않았을까." 한다. 나무가 성장하면서 밖으로 내뿜는 노폐물이 송진인가, 아니면 거친 바람에 서로 부딪치면서 혈맥처럼 흘러내리며 굳은 것인가.

말이 없는 나무의 참뜻을 어찌 다 헤아릴 수가 있겠는가. 세월의 고난과 흐름을 감지한 것 같은 덩어리의 무게를 짊어진 가지도 고사되지 않았다. 원둥치도 고난으로 휘어진 모습도 보이지 않는다. 어려움 없이 승승장구하는 사람처럼 쭉쭉 올라간 소나무들이 대부분이다. 그만큼 관리를 잘한 것인가.

수십 년 만에 찾아온 혹독한 추위가 지나갔는데도 아무런 타격을 받지 않았다. 당당하게 제 능력껏 도리를 다하느라 그늘을 드리우고 있다. 아무리 강한 햇볕과 거친 비바람과 추위도 차단해 줄 것만 같은 기세다.

의자에 앉아 쉬고 있노라니 진한 솔향기가 풍기면서 겨우내 움츠

렸던 세포들을 일깨워 준다. 수십 년 전부터 땅의 기운을 머금으며 산소 같은 공기를 풍기는데 마다하는 이는 없으리라. 무엇이 그처럼 친근한 가치로 사람에게 쉽게 전달이 되겠는가.

잠시 들렀다 가는 것만으로도 신체에 많은 도움을 받으면서 제대로 관찰한 적은 있었던가. 생각하며 다시 옹이가 달린 나무로 눈을 돌렸다. 영원한 것은 없지만 지금 서 있는 저 소나무들 중에 옹이가 달려도 수명은 같이할 수 있을까. 사람도 사소한 상처에 고통이 따르듯이, 소나무도 혹이 생기면서 고통이 따르지 않았을까. 말을 못하는 생명이기에 자신의 실체를 설명하기 위해 겉으로 드러난 것이 옹이라는 생각에 머물게 된다.

사람이 겉으로는 건강하게 보여도 내부에서 암 덩어리를 키우기 시작하면 제거해도 수명이 짧아진다. 정상의 소나무들도 고난의 덩어리를 짊어지면서 수명이 짧아지는 것은 아닌가. 그렇다고 가지에 옹이가 생겼다고 시원하게 잘라내고 싶어도 옹이가 안 달린 가지보다 달린 가지가 더 많아 보인다.

강건하게만 느껴지던 소나무들이 갑자기 옹이의 무게만큼 수명이 짧아질 수도 있다는 생각에 이른다. 소나무의 수명은 얼마나 될까. 다행히 수십 년 공원의 상징이던 자리에서 벗어난다 해도 원둥치는 목재로 사용하게 된다.

땔감으로 사용하던 옹이도 제멋대로 생겼지만 오히려 오묘함에 반한 손길이 닿으면 참새와 오리 등의 다양한 작품으로 세상에 다시 태어나는 소나무와 같이하던 시간이었다.

자연과의 공존

차를 타고 멀리 한라산을 바라보고 있노라니 너무나 맑고 싱그러운 날이다. 평생교육원 회원들과 나들이 가는 날이다. 좋은 날 선택받아 세계자연유산으로 알려진 거문오름으로 향했다.

관광지로 알려지면서부터 들르고 싶다고 갈망하던 마음이 설렌다. 드넓은 굼부리로 내려가면서 해설사가 나섰다. 생활유적을 찾아 용도와 나무 분포지역을 설명한다. 시대에 따라 분화구를 중심 삼아 전망이 좋은 장점을 이용해서 군사시설을 하던 곳이란다. 태평양 전쟁과 이어 4 · 3 사건으로 인해 굴을 파고 근거지로 삼으면서 군화발로 짓밟히며 쑥대밭으로 만들어 놓았던 곳이었다.

숯가마 터까지 내려가자 평민들의 가슴깊이 전쟁의 상처가 녹아들어 음산한 기운이 나타나는 것 같다. 숲속에 들어서면 시원한 공기를 마실 수 있다는 마음이 무색하게 모든 자연이 미동하고 있다. 높은 체감은 돌아가신 영혼들이 그 영역에 들어선 우리 일행에게 지난날 아픔을 설명하는 것 같다.

외투를 벗어젖히고 싶었지만 곶 부분마다의 심상치 않은 기온을 느껴보려고 참았다. 지난날 고난과 비극으로 난 상처들을 자연이 없었다면 무엇으로 치유할 수 있을까. 한 많은 상처와 아픔을 자신들의 치부처럼 숲으로 가리고 있다. 오 선생이 정말 열심히 해설하는 말을 듣다보면 아직도 당시 기운이 남아서 구역마다 온도가 다르고 느낌이 다르게 내포하고 있다는 생각을 하게 한다.

해설에 따라 상상하며 전쟁 당시로 한없이 빠져드는 나에게 현실을 직시하라는 듯, 청아한 새소리가 반긴다. 먹이가 풍부해서 은신처로 삼아 다양한 새와 동물들이 서식하면서 번식하고 있단다.

거문오름의 다양함을 알리는 신문과 방송을 보면서 분화구에 들어서면 동굴의 신비감처럼 뭔가 가득 숨어 있을 것만 같았다. 해설사의 설명에 따라 현재와 과거가 교차하면서 마음은 넘쳐난다. 한 가지라도 놓칠세라 정신없이 따라다니다 시원한 곳에 닿았다. 그제야 한 번의 탐방으로 다 담으려는 내가 욕심이란 생각이 들었다. 오십여 명의 일행과 많은 관광객이 줄지어 걸어가던 등산화에 짓밟혀 훼손된 자연이 보인다. 끈질긴 생명이기에 다시 자생력으로 되살아날 수가 있으리라. 일방적으로 당할 수밖에 없는 자연 입장에서는 항상 다가가는 사람들에 의해 몸살을 앓고 있다. 그래도 자연을 벗

삼아 운동과 건강을 내세우며 다가가게 된다. 자연의 고통은 사람에게 들리지 않기에 지대한 희망을 안고 다녀가는지 모른다.

식물이 살아가기에는 조건이 나쁜 화산토에서 자연은 인간의 도움 없이 시련을 딛고 일어나 어렵게 뿌리를 내렸다. 사람이 드나들수록 열기가 자연으로 발산하며 알게 모르게 피해를 주게 된다. 알면서도 자꾸만 자연으로 다가가고 싶어진다. 사람이 산소를 공급받으며 도움이 된 만큼 자연은 그만큼 에너지를 빼앗긴다. 바로 나타나지 않기에 자연의 피해는 확인할 수가 없다. 사람과 자연은 상반된 사이지만 서로 공존하며 살아가야 하는 곶자왈이 되어 버렸다.

전쟁 이후 척박한 불모지에서도 더 이상 인간에게 방해를 받지 않은 긴 세월 동안 풍요로운 자연의 가치로 가득 키워 놓았다. 사람은 언제부턴가 경이로움 앞에서 도움을 받는다는 이유만으로 자주 다가가 누리는 곳이 되었다.

아무리 자연의 천국이라지만 다가가는 사람이 생각하며 다가야 하지 않을까. 마음처럼 자연을 위하는 실행이 가능하다면 '먼 훗날 자신을 위하면서 자연에 뒤따르던 문제들도 조금이나마 해결하는 길이 열리지 않을까.' 하고 긍정적인 생각을 하여 본다.

도심 속 공원

큰 소나무들이 자리잡은 공간에 들어서면, 그 밑에는 솔잎과 솔방울이 수없이 많이 떨어진 것이 제일 먼저 눈에 들어온다. 그래도 사철 풍부한 잎을 자랑하는 이유가 있으리라.

소나무는 솔잎이 구성된 중심에서 봄이 오면 손가락 모양으로 새순이 쭉쭉 올라온다. 숫자만큼 가지가 형성되면서 솔잎도 동시에 자란다. 새로운 잎이 돋아나면 전년도 잎은 낙엽이 지면서 떨어지는 나무들과 다르다. 전년도 잎은 새순을 뒷받침하듯 꿋꿋하게 버티고 있다. 아무리 강한 바람이 불어도 가지가 무거워 부러져도 솔잎은 한꺼번에 떨어지지 않는다.

과정을 지켜보고 있노라니 병석에 누워 계신 시할머니의 머리를 감기고 빗질할 때가 생각난다. 많이 빠지는 머리카락을 보며 '한 달도 가기 전에 다 빠지는 게 아닌가.' 하고 걱정하던 마음과 달리 숫자만 줄어들고 평생 긴 머리를 간직하고 저세상으로 가셨다. 소나무도 고사목이 될 때까지 잎들도 함께 남는다는 걸 일깨워준다.

아들 부부와 함께 사는 빌라 십층에 소나무 한 그루가 풍성하게 자라고 있다. 차로 사용하려고 솔잎을 뽑다 보면 머리카락이 두피에 단단하게 심어진 것처럼, 두 잎이 하나로 구성된 밑 부분을 얇은 막으로 포근하게 감싸고 있다.

바늘처럼 가는 솔잎은 강한 바람에 우수수 떨어질 것 같지만 본연의 자태를 자랑하듯 유연하게 한들거린다. 떨어지는 잎보다 새로 자라나는 잎이 더 많기에 언제나 풍성한 자태를 뽐내는 사철나무라는 걸 확인하게 된다.

특히 도심 속에 소나무들이 많은 공원이다. 늘 반복되는 삶 속에서 다른 공기가 필요할 때마다 운동으로 다가가던 곳이다. 지순한 자연과 함께하다 보면 공기와 향기에 빠져들면서 활력을 되찾게 해준다.

알게 모르게 도움을 받는 소나무에 몇 년 전부터 재선충이 발생하면서 제주에도 비상이 걸렸다. 소나무가 있는 곳이면 어디든지 날아가 파고들면서 순식간에 하나 둘 고사목처럼 피해를 주기 시작했다. 죽은 나무로 인해 더 이상 감염되지 않게 베어내어 방수 천막으로 밀봉해 있는 오름이 대부분이다. 연동 공원에는 재선충이 아직 접근하지 않았기에 고사된 나무가 안 보인다. 오직 건강한 사철의 기상으로 싱그러움을 자랑한다.

어느 날 소나무마다 주사기로 방제약을 투입하고 있었다. 주민이나 산림청에서 미리미리 예방하지 않았나 싶었다. 아무리 양심 없이 이산 저산 들쑤시고 다니는 벌레지만 생명에 위협을 받고 접근하지 못하였으리라.

운동기구에서 운동하는데 윙윙 소리가 나는 곳으로 쳐다보니 해충방지기에서 나는 소리였다. 도를 중심으로 산림청 등 다양한 곳에서 재선충 문제를 연구하며 애쓰고 있으니 더 이상 피해가 없었으면 하는 마음이 간절해진다.

요즘 도심 속에 수없이 많이 들어서는 건물들을 보고 있노라면 살아있는 나무는 우리 심신을 달래주는 것뿐만 아니다. 건물이 늘어나는 만큼 쌓이는 탁한 공기를 정화시킬 수 있는 것도 자연뿐이다. 필요하다고 아무리 많은 돈을 투자하여도 바로 세울 수 없는 거목이다. 턱없이 부족한 나무들을 재선충에게 더 이상 빼앗겨서는 안 된다며 사방에서 노력하고 있다.

공원에 자연을 벗 삼아 운동을 다니며 직접 피부로 느끼며 생각하다보니 자연이 얼마나 중요한지 절실하게 느끼는 기회가 되었다.

잎 대신 꽃인가

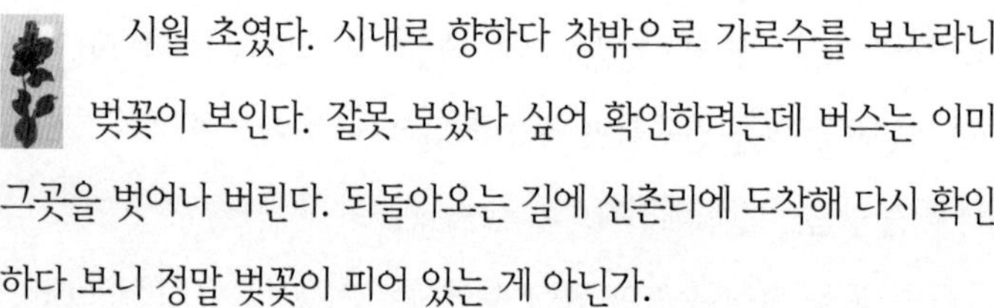

시월 초였다. 시내로 향하다 창밖으로 가로수를 보노라니 벚꽃이 보인다. 잘못 보았나 싶어 확인하려는데 버스는 이미 그곳을 벗어나 버린다. 되돌아오는 길에 신촌리에 도착해 다시 확인하다 보니 정말 벚꽃이 피어 있는 게 아닌가.

어떠한 경우에도 조화가 아니면 단기간에 피어나는 꽃은 없다. 특히 벚나무는 초봄에 꽃을 피운다. 뒤따라 새순이 올라오면서 꽃이 지고나면 여름 내내 풍성한 잎으로 키운다. 그 신록의 전경을 선보이자마자 계절 따라 가을의 단풍으로 물들이면서 겨울과 함께 다 비워낸다. 맨몸으로 춥다고 움츠리고 있을 여유도 없이 새로 봄을 맞이하기 위해 끊임없이 자신을 추구하는 생명이다. 내재된 에너지로 혹독한 겨울의 시련을 견뎌내야만 봄에 보답으로 너무나 많은 꽃을 선보일 수 있는 자리가 마련된다.

특별한 원동력을 지녔기에 계절과 기후에 따라 쉼 없이 페달을

밟으며 혼신을 다하여 제안의 뜨거운 열기로 밀어 올린다. 꽃샘추위 속에서도 봉우리에서부터 서서히 키우며 활짝 핀 꽃으로 가지가 안 보이게 가득 드러난다. 속성을 상상하며 눈부신 꽃들의 광경을 보고만 있어도 겨우내 움츠리고 있던 세포를 일깨우며 삶의 활력까지 안겨준다.

계절에 따라 서서히 변화를 가져오던 순리가 한꺼번에 뛰어넘어 때늦은 과정을 마주하면서 많은 생각을 이어가게 하는 꽃이다. 어제 오늘 드러난 모습은 아니다. 오래전부터 지구촌 곳곳에서 때 이른 꽃이 피는가 하면 때늦은 꽃이 피는 현상을 신문 방송을 통해 보고 들어왔다. 직접 마주하게 되어서야 의문으로 이끌어가게 된다. 난데없이 가을에 벚꽃이 피어난 이유가 있을까. 지난여름 볼라벤 태풍으로 무성한 잎을 다 할퀴고 가버리면서 앙상한 가지만 남았다. 그 자리에 드문드문 자리잡은 벚꽃들은 원래 풍요롭고 아름다운 모습과 달리 애처로워 보인다.

제 나름대로 피어난 꽃이지만 뒤처진 인생과 같다. 기회를 놓치면서 뒤엉켜 버린 생명 같기도 하다. 섭리에 따라 초봄부터 뚫고 올라오려는데 비집고 나올 틈이 없어 대열과 같이 드러나지 못했을까. 시기를 놓쳤지만 내재된 자리에서 더 이상 중단할 수가 없어 시기가 지나도 피워 내야만 내일을 기약하는 것인가.

쉬지 않고 돌아가는 계절은 천지만물을 구별하지 않고 같은 기후 조건 속에서 나름대로 시기와 지역에 따라 진화하고 있다. 가을도 되기전에 잎이 다 떨어진 텅 빈 가지에 기운이 넘쳐나면서 기회를 엿보다 꽃이 피어났을까.

태풍이 지나간 이후 유난히 더웠다 가라앉았다. 극심한 변화 속에서 텅 비어있는 나무 가지는 초봄으로 착각하였는지도 모른다. 계절과 상관없이 태풍으로 꽃과 잎을 다 비워낸 공간에서 때늦은 생명을 잉태해서 혼신을 다해 내포한 결과였다. 그렇게 가을에 피어나는 운명으로 바꾼 것인가. 아니면 내년 봄에는 정식으로 피워낼 수 있을까. 봄이 와서 다시 그 나무 가지를 마주하기 전에는 꽃이 피는 계절을 제대로 확인할 방법이 없다.

극심한 변화를 가져오는 시대 앞에서 스스로 한 치의 앞도 내다보지 못하는 중생이 어찌 자연의 고난이라고 다 헤아릴 수 있겠는가.

6부

머물고 싶은 곳

새벽에 만난 자연

새벽 다섯 시다. 안개가 자욱하고 모든 만물이 잠들어 있는 것처럼 사방이 조용하다. 목적지에 도착하자 까치 한 마리가 차 맞은편 나뭇가지에 앉으며 뭔가 이야기를 하는 것만 같다. 단잠을 깨웠다는 것일까, 아니면 인사를 하는 것인가.

아침저녁으로 일교차가 심하던 차가운 기운이 사라졌다. 온 대지에 내리던 빗방울이 땅속 깊숙이 파고 들어가 움츠리고 있던 뿌리와 씨앗들을 일깨워 주었을까. 자연마다 새순이 움트면서 연둣빛으로 가득하다. 그 위에 이슬이 내려앉아 있는 모습이 하얀 보석을 뿌려 놓은 것 같다. 온갖 초목에서 우러난 상큼한 새벽 공기가 대단한 선물을 받은 것처럼 마음을 설레게 한다.

생명력의 기운이 왕성한 사월이다. 계절을 뒷받침하듯 밤새 내린 이슬로 살며시 머금은 싱그러운 자연을 그대로 간직하고 싶을 만큼 너무나 오묘하다. 고사리를 따라 손길이 닿으면서 이슬의 실체들은 떨어지고 만다. 시간이 갈수록 옷과 신발을 적시며 체온이 떨어진다.

인간과 자연은 공생할 수밖에 없는 필연적인 관계다. 서로 다른 곳에 머물며 순응하고 인식하면서도 서로 함께하는 날이다. 끊임없이 편리함만을 추구하는 사람과 자연은 다르다. 밤낮없이 제자리에서 사계절에 따라 스스로 변화를 추구하며 혹독한 겨울까지 견디는 강인한 생명이다. 고난을 넘기면서도 살아남았기에 새봄을 맞이하면서 형성하고 있으리라.

어려운 환경 속에서 성장한 자연들을 의지해서 자라오는 고사리를 찾아 목장에 들어섰다. 전에는 오후에 이삼 일을 다니며 마련하던 고사리다. 한꺼번에 마련하려고 남편이 친구를 대동하자 새벽에 같이 나선다. 산천의 새벽 공기는 너무나 신선하다.

결실로 마음을 채우기에는 이미 어제 많은 사람들이 다녀갔다. 어린 고사리가 무참히 밟혔던 모습이 보인다. 뻗어나간 가시나무들이 지나가는데 방해물이 되었을까. 낫으로 마구 쳐냈다. 길이 나있어 거친 숲속이지만 헤쳐 나가기는 편하다. 대신 고사리가 많이 보이지 않는다. 손이 닿기 어려운 나무 사이에 간간이 보이는 고사리로 다가가면 거미집이 가로막는다.

어제 사람들이 지나가면서 무심코 집을 파괴하는 시간이 거미들에게는 전쟁을 치르는 날과 다르지 않았으리라. 집이 없으면 먹잇감을 마련하지 못하는 곤충이기에 어둠이 내리기 전에 바로 안전한 곳으로가 새로 지은 집도 있으리라. 가느다란 실 줄로 엮은 간격마다 이슬이 맺혔을 뿐인데 은백색 보석으로 장식한 가면처럼 반짝인다.

태양이 떠오르면서 나비와 꿀벌과 새들이 날아다닌다. 보이지는 않지만 저 멀리서 어미 소가 '음매~음매~' 송아지를 찾는 소리인가. 너무나 애잔하게 들린다. 인기척에 놀란 꿩과 다양한 새들의 소리와 함께 갑자기 목장에 아침이 힘차게 열린다.

남편과 친구는 다른 방향으로 갔을까 보이지 않는다. 나는 차 세운 곳을 쉽게 찾기 위해 입구에서부터 이어진 목초 밭 담벼락을 중심으로 두 시간 가까이 고사리를 따라다녔다. 그제야 결실을 확인해 보니 짊어진 가방의 무게가 느껴진다. 만족한 양은 아니지만 사람이 다녀간 곳에서 그 정도의 양도 다행이라고 생각하게 된다. 그제야 허리를 제대로 펴고 고사리 따라 걸어온 길을 확인하였다. 목장 한 면의 반도 못 돌 정도로 드넓은 목장이었다.

소들을 풀어놓아 키워서 다양한 자연들을 먹잇감으로 삼았을까. 줄기의 식물은 없다. 사방이 가시나무 종류들로 구성되었다. 누구도 쉽게 접근하지 못하게 날카롭게 찌르는 가시로 방어를 하면서 오랜 세월 견디었으리라. 대부분의 자연들이 사방에 난 상처도 아랑곳하지 않고 무리지어 강건하게 자라고 있다.

많은 자연들이 끊임없이 자리를 지키며 존재하기에 사람이 보양식으로 삼는 소를 키우는 터전이 되었다. 돌아가신 조상의 제사 명절에 사용할 고사리를 얻기 위해 사람들은 해마다 연례행사처럼 함께 공존하는 공간이 되었다. 고사리가 많이 없는 대신 마음의 여유를 가지고 아침에 드러난 다양한 생명력의 소리를 마음껏 듣고 보게 된다. 다양한 모습과 소리가 온 세상을 다 느낀 기분이다. 묘한 기분이 서로 연결고리처럼 맞물려 돌아가는 질서가 들리면서 소우주의 세계처럼 광범위하게 다가오는 날이었다.

개와 노루의 무대

12월 어느 날이다. 여문영아리오름을 오르고 내려와 자료를 찾으면서 물영아리 오름도 꼭 한 번 올라가고 싶었다. 물이 있는 신령스러운 산이라고 한다. 당장이라도 달려가고 싶었다. 그 마음을 방해하듯 유난히 자주 내리던 눈과 비가 가로막아 몇 개월 만에 다가갔다. 용이 누워 있는 형국이라 하여 용거인악이라고 부르기도 한단다. 여러 가지 의미를 담고 있는 명산이기에 직접 보고 느끼고 싶었다.

함께 가는 일행이 운동을 다니며 데리고 다니던 개 두 마리와 애완견까지 세 마리를 데리고 나왔다. 원하던 오름을 오르기 위해 기다리다 가는 길은 설렘이 가득이다. 개들도 나들이에 들떠서 가쁜 숨을 몰아쉬며 감정이 풍부하게 표출한다.

오름 방향으로 개들을 풀어 놓아주자 대자연이 자기들 세상인 양 좋아서 이리저리 뛰어다니다 주인이 안 보이면 서로 되돌아와 주인을 확인하고 다시 앞서거니 뒤서거니 속도를 맞추어 왔다 갔다 한다. 주인 앞에 오면, 데리고 와서 고맙다는 듯 뒹굴며 애교를 부리는 애완견이 더없이 귀엽다.

오름 입구에 다가가는데, 흩어졌던 개들이 멈추어 서서 한 방향으로 주시할 때 나도 그곳을 바라보았다. 저 멀리에 이십여 마리의 야생 노루들이 두리번거리다 뛰어가자, 개들도 본능적으로 달려간다. 서로 겨루어 본 것도 아니다. 짧은 순간에 강자와 약자임을 인정하고 개는 쫓고, 노루는 쫓기는 경주가 펼쳐졌다.

그 모습에서 유년 시절 밭에서 본 장면이 떠오른다. 오소리가 나타나자 우리 집 제주견은 필사적으로 달려갔지만 굴로 숨어 버린다. 그렇게 반복 놓치던 영리한 황구는 하루는 오소리보다 앞질러 굴 입구를 차단했다. 방향을 잃은 오소리는 이리저리 피하다 결국 밭 입구에 있는 오름에서 개에게 잡히던 장면이 다시 생생하게 펼쳐진다.

많은 세월이 지난 지금은 자연 속에서도 옛 모습이 서서히 사라져 가면서 보기 드문 광경이다. 또 하나의 세계가 펼쳐지면서 특별한 공연을 보는 것 같다. 지난날 장면까지 어울려져서 감동이 두 배로 넘쳐난다.

노루들은 나무가 우거진 숲으로 사라졌다. 개들은 혀를 있는 대로 늘어뜨리고 숨이 차 허덕이며 주인에게로 다가온다. 결과는 없지만 최선을 다했다는 듯 한꺼번에 주인에게 안기며 비벼댄다. 쓰러지면서도 "그래! 그래! 수고했다." 개마다 뽀뽀하며 보듬어 주는 모습이 어머니가 자식에게 칭찬하며 베푸는 사랑과 같다.

어느새 목적지 오름 입구에 도착했다. 몇 년 전부터 뱀이 많아 사람에게 위험하다고 했다. '오름을 보존하기 위해 들어가지 못한다.'는 팻말이 세워졌다. 들어가다 발각되면 벌금을 내야 한다는 내용까지 읽으면서 누군가에게 반문하고 싶었다. "인간과 함께할 수 없는 자연이라면 무슨 의미가 있을까요?" 하고 따지고 싶은 심정이었다.

몇 개월 전부터 그토록 올라가고 싶었던 오름 앞에 서 있으면서도 올라갈 수 없다는 이유로는 빈약하다는 생각이 들었다. 그냥 되돌아가기에는 너무나 아쉬워 멍하니 서 있었다.

함께 간 일행도 아쉬웠을까. "벌금을 내더라도 한 번 시도할까요?" 한다. 농담인지 진담인지 모르지만 개들과 감정을 나누며 다가가지 않았다면 그 말을 들으며 오름으로 향하던 마음을 멈추지 못했는지도 모른다. 정말 원칙에서도 벗어나고 싶은 만큼 오랜 기간 기다리다 마주한 오름이다.

반대 방향에서 한가롭게 풀을 뜯던 또 다른 노루 식구들을 발견했다. 아쉬운 점도 있었지만 오름을 보호하면서 사람이 뜸하기에 야생 동물들의 쉼터로 자리 잡아가는 것 같다. 일부러 마련하지 않은 현장이지만 개와 노루가 마음껏 본능적인 감정을 펼칠 수 있는 장소가 되었다.

비록 오름은 올라갈 수 없었지만, 다행히 제주에서도 자주 볼 수 없는 특별한 노루 무리와 개들을 만났다. 누가 구성해 놓은 것처럼 한편의 연극처럼 저절로 펼쳐진 큰 야외무대가 되었다. 생동감이 넘치는 장면에서 충분한 감정을 살렸기에 다음으로 기약하는 오름이 되었다.

미물의 변화

봄이다. 고사리 채취하러 같이 가자고 하던 친구가 연락이 없기에 전화를 하였다. '중국과 일본뿐만 아니라 우리나라에서도 소참진드기로 인해 사망하는 사람이 있다.'고 설명하며 고사리 포기하자고 한다. 같은 세대이기에 방송을 보고 위험을 느끼면서도 새삼스럽다는 생각을 하다가 친구에게 전화했다.

친정 할아버지 살아생전에 아침저녁으로 뒷동산에 소를 이끌고 가 소 빗으로 진드기를 끌어내었다. 팥알만 한 놈이 땅에 떨어져 나뒹구는 모습을 보면서 '소의 피를 흡혈하였기에 풍선처럼 빵빵하다.' 는 말씀을 종종 하였다. 설명을 들으면서도 늘 이어지던 일상이기에 위험을 느낀 적이 없다. 수십 년이 지난 지금에 와서 긴장감을 주는 이유가 있을까.

온 동네 5-60마리 소를 모아 집집마다 돌아가면서 야산과 오름에 몰고 다니며 키우던 시대였다. 가기 전 할아버지 집 앞에 모아 제일 나중에 나오는 소를 기다리는 동안도 주인마다 전날 처리 안 된 진드기를 잡아낸다. 그 장소에서 어린이들은 놀이터처럼 온 종일 놀아도 진드기에 물려 위험한 일은 없었다. 당시 일상이 그대로 잠재되었기에 두려움 대신 뭔가를 알고 싶은 호기심으로 이끌어 갔을까.

의학이 발달되지 않던 당시는 모르다가 의학이 발달하면서 나타나기 시작한 현상인가. 진드기는 왜 갑자기 사람을 공격하게 된 것인가. 사람 목숨까지 가져간다는 말이 믿어지지가 않는다.

사십여 년 전까지는 겨우내 가두어 놓은 축사 옆에 방이 있어서 소와 사람은 아주 가까이 지냈다. 봄부터 가을까지는 집 입구 올레에 매어 두면서 진드기가 보이면 '디디티' 약을 뿌리거나 그 자리에서 땅으로 떼어내었다. 식구마다 수시로 드나들던 집안으로 들어가 사람들을 흡혈할 수도 있는 거리였다. 사람과 진드기의 경계선이 있는 것처럼 벼룩과 이에게 물려도 진드기에는 물리지 않았던 내 기억이 잘못된 것인가.

시대 변화에 따라 개개인적으로 키우던 소와 말은 경마장이나 식용 전문으로 키우는 목장으로 보내었다. 한정된 공간에서 들고나던 소와 말이 갑자기 드넓은 들판이나 오름을 차지하게 되었다. 소와 말이 움직이는 변화에 따라 진드기도 따라다니다 살아남기 위해 진화해온 결과인가.

진드기 암컷은 가축에 부착되어 흡혈하다가 지상으로 떨어져 흙 속에 산란 하고 나면 생명이 다한단다. 산란된 유충은 넓은 목장에서 소와 말을 가까이 하기에는 쉽지가 않았으리라.

시일이 지나면서 주어진 터전에서 치열한 삶을 살아야만 했으리라. 시간이 지나고 날이 가면서 허기를 채우려고 야생 동물을 흡혈할 수도 있다. 배고프면 가리지 않고 먹다가 죽어서 오래된 동물을 흡혈할 수도 있다. 생명은 이어갔지만 나쁜 균을 키울 수도 있다. 균이 체내에 퍼지고 돌연변이가 되었으리라.

긴 세월 동안 진드기도 많은 숫자가 늘어날 수도 있다. 서로 살아내려고 자연 생태에서 다양한 동물의 피를 흡혈하게 마련이다. 마침 들에 고사리를 채취하기 위해 다니는 사람도 공격 대상이 되었으리라. 여러 가지 동물의 피를 흡혈하며 강하게 견뎌낸 진드기보다 면역력이 약한 사람에게는 감염이 되기 마련이다.

여기까지 생각하게 되자 직접 확인하지는 않았지만, 진드기에 물려 전신이 나른하고 구역질이 나면서 고열과 설사 등의 증상으로 사망까지 이르게 한다는 대상이라는 걸 조금은 이해하게 된다.

작은 미물이 새롭게 사람들에게 위험을 가하고 있지만 뚜렷한 해결책은 없단다. 생동감이 넘치는 봄의 들과 숲으로 달려가고 싶어도 참아야만 하는 계절이 답답하다. 옛날처럼 진드기 의식하면서도 사람과 무관한 미물로 받아들이며 다니려면 어떤 대비를 해야 하는 것일까.

교감하고 싶었던 호수

하도에서 종달리로 넘어가는 경계선에 큰 호수가 있다. 철새와 숭어, 장어 등 여러 가지 생명들이 서식하고 있단다. 어느 쪽으로 들어서 걸어보아도 가늠하기 어려워 한 바퀴 다 돌아본 적은 없다.

수필아카데미 회원들과 구좌읍 구석구석을 돌아보다 하도 끝자락에 자리 잡은 탕탕 용천수에 도착했다. 멀리 있는 한라산 중턱에서 수천 길 바위틈을 따라 해변까지 내려온다니 얼마나 귀한 물인가. 굽이굽이 내려오는 물줄기는 겉으로 보이지 않지만 언제나 맑고 깨끗한 물이 내려오면서 사람들의 일상에서 없어서는 안 되는 용천수다.

고향에서 용천수를 이용하여 빨래와 목욕을 하던 추억을 떠올리며 물줄기를 따라가다 호수에 시선이 멈추었다. 이전에 수없이 들어설 때마다 빗물로만 존재하기에는 큰 호수라는 의문에 사로잡혀 있었다. 용천수 물줄기를 따라가노라니 그제야 호수의 실마리가 풀리면서 제대로 나타난다.

계속 내려오는 용천수가 호수의 범위를 점점 키우면서 메마르지 않은 호수로 자리 잡았으리라. 수많은 생명들에게 서식할 수 있는 원동력 역할을 하고 있다. 넓이와 깊이는 얼마나 될까. 그 의문을 품고 있는 내 시선에 대답이라도 하듯 고개를 내밀고 바람에 흔들리는 갈대들이 인사한다. 깊이를 안다 해도 그곳에 모든 깊이와 넓이를 가늠할 수는 없으리라. 오직 세월의 층을 이루고 살아가는 수많은 생명들은 가늠하며 살아가고 있을까.

아무리 가뭄이 닥쳐도 메마르지 않는 호수이기에 서식하고 있는 생명들은 얼마나 행운인가. 변함없이 순환하며 수중생물인 수초와 곤충과 각종 어류들과 새들이 공존하며 살아가고 있다. 언제나 넉넉한 호수이기에 사방에서 수많은 생명들이 찾아오고 있으리라.

먼 나라에서 서식하던 새들은 어떻게 찾아왔을까. 대서양의 바다를 건너 수많은 산과 호수마다 확인하다가 먹이가 풍부한 이 호수에 정착하게 되었으리라. 남쪽 끝 제주 섬에 세계적인 희귀 텃새와 천년기념물인 큰고니와 황새 등 귀한 새들이 서식하면서 철새도래지로 탄생했다. 어류들을 먹이 삼아 오랜 세월 정착하면서 호수 전체를 감지하는 주인으로 자리 잡았다.

시대에 따라 변화를 일으키는 지구상에서 이 호수는 끊임없이 뒷받침하는 용천수가 변함없이 내리고 있다. 수천 년 전부터 수많은 생명들이 안심하고 안전하게 의지할 수 있는 여건이 갖추어졌다. 바다와 호수를 번갈아가며 들고 나는 숭어는 요즘 양식하는 방법과 다르게 서식하던 생선이다. 하천을 조금 보강하면 자유롭게 머물던 숭어들은 서로 높이뛰기 선수처럼 사방에서 수면위로 힘차게 뛰어올랐다. 바다로 가다가 양어장 앞에 멈추고 활기찬 숭어를 신기하게 바보면서 친구들과 서로 흉내를 내기도 하였다.

겨울에 자식을 순산한 어머니들을 위해 양어장에 가 펄쩍펄쩍 뛰는 숭어를 사다가 미역과 함께 푹 끓여 산후조리에 많은 도움을 받던 생선이다. 지금까지 철새도래지에 있는 숭어도 조상의 터전을 지키며 대를 이어왔으리라. 언제 보아도 수면 위에서는 새들이 먹이를 자맥질하며 유유히 헤엄쳐 다닌다. 배설물이 내려가면 밑에 있는 어류들이 먹이로 삼고 있으리라. 물 위와 아래가 경계선이 되어서 서로 먹고 먹히면서도 공존하는 또 다른 세계가 펼쳐지고 있다.

호수 주변을 돌고 있노라니 갈대 숲에 알을 품고 있는 새 주변에 다른 종류의 새들이 지나가도 서로 경계하지 않고 평온하게 다가온다. 사람이 투자하며 관리하지 않아도 살아 움직이는 생태계의 기운이 넘치고 있다. 순리에 따라 서로 끊임없이 진화하고 있는 자연의 보고라는 걸 절실하게 일깨워준다.

겉으로 드러난 모습들을 대강 확인하게 되자 처음부터 의문이 생기던 내면의 세계가 궁금하다. 민물 장어로 환생할 수 있다면 호수 내부 전체 밑바닥까지 시원하게 유영하고 싶다는 마음을 안고 다시 호수로 갔다. 주위를 돌아보고 있노라니 들고나던 바닷물 염분의 경계선이 보인다.

바다의 밀물이 소용돌이치며 강 깊숙이 밀려와서 저절로 호수의 물을 측정하였으리라. 넘치는 물은 또 다른 언저리를 채운다. 민물과 바닷물이 교차하는 밀물과 썰물의 강한 힘으로 밑바닥까지 순환하게 마련이다. 호수 전체 밀고 당기며 자가 정화하다 썰물의 위력과 함께 빠져나가는 만큼 남겨진 경계선이었다. 바닷물과 민물이 교차하는 찰나마다 서로 맞물린 위력을 발휘하면서 언제나 살아있는 호수로 이끌어가고 있다.

그토록 찾고자 하던 호수 원천의 작용을 나름대로 인식하게 되자, 정말 깨끗한 호수라는 걸 확인하게 된다. 새와 어류들의 낙원이 나의 안식처라도 된 것처럼 뿌듯함이 전신으로 파고 들어간다. 순간의 감정을 떠올리다 보면 마음껏 교감하고 싶은 감흥을 일으키게 하는 호수였다.

변화의 순간

바다를 달리는 배 위에서 상상해 본다. 부두에 내리면 싱싱한 생선 상자가 왔다 갔다 하며 분주하리라. 새로운 것들과 마주할 수 있다는 기대를 잔뜩 안고 추자도에 도착했다. 다행히 '방문의 해'를 맞이하면서 안내하는 분들이 많았다. 녹담 회원에게 다가온 분은 제주시에 사는 건설 계장이라고 소개한다.

최영 장군 사당이 세워진 산으로 안내했다. 장군으로서도 뛰어난 분이지만, 섬에 있는 동안 사람들에게 어망을 만들게 하였단다. 고기 잡는 법을 가르쳐주며 이끌어 준 국토 수호신으로 알려지고 있다. 당시 초심이 고스란히 남아 일 년 내내 어부 생활을 천직으로 삼는 섬이 되었다.

어부와 섬이 어울려 동화된 일상이란 말을 자주 들으며 다양하게 그려 보았던 어시장이 안 보인다. 오히려 포구에 빼곡히 묶여있는 어선들을 보면서 바다로 나가지 않은 이유를 물어보았다. 청년회가 주최하는 한마음 체육대회로 모든 일상이 멈추었다고 한다. 섬의 특징인 일상을 못보고 되돌아가야 한다고 생각하니 소중한 것을 놓친 것처럼 아쉽다.

봉골레산과 돈대산 기준으로 크고 작은 여러 개의 산으로 이어져서 상하 추자로 이루어졌다. 추포와 횡간도 섬에 사람이 살기에 유인도가 네 개라고 한다. 주위에 자리잡은 수많은 무인도까지 사십이 개의 군도로 형성되었다. 섬들을 가리키며 아름다움과 깨끗한 바다와 풍성한 조기 어장에 대해 끊임없는 설명이 이어진다. 잔잔한 바다와 어우러진 섬들 자체가 전시회 하는 걸작품으로 다가왔다.

완도군이었던 추자섬은 긴 세월 속에서 복잡한 절차를 통해 2006년도 제주시 추자면으로 소속된 섬이다. 현재 여섯 개의 리로 구분해서 1400가구에 수천 명이 거주하고 있단다. 애써 설명하던 분은 체육대회에 참석해야 하기에 서둘러 다음 코스를 설명하여 준다. 길 따라 올라가면서 설명을 들을 때는 쉽게 올라갈 수 있을 것 같았다. 막상 갈림길이 나오자 초행길인 우리 회원들은 막연하게 선택하고 올라갔다.

산비탈 환경에 순응하는 자연들과 벗 삼아 걸어가노라니 솔향인가 싶으면 찔레 향으로 다가왔다. 즐기려면 이름 모를 향기가 코끝을 자극한다. 굳이 구별하려는 나를 질책하듯 사방에서 다양한 내음이 은은하게 다가온다.

뭔가 내 마음에 담고 싶은 열정은 넘치는데 후덥지근한 날씨는 무료함으로 이끌어간다. 잡초마저 숨죽이고 있는 잔잔한 봄이지만 강렬한 태양빛이 쏟아진다. 목에 감은 손수건에서부터 외투까지 벗어야 하는 날씨다.

정상에 자리잡은 팔각정을 향해 발길을 재촉하였다. 갑자기 팡! 팡! 팡! 연달아 총성이 울린다. 순간 날벼락이 떨어진다는 생각을 하였다. 놀라면서 주저앉은 자세로 사방을 보고 있노라니 일행들도 "아이고머니!" 하고 소리치거나 고개를 숙이고 있다.

아름다운 소리를 내던 새들도 사방에서 우왕좌왕 날아다닌다. 좀 전까지 잔잔했던 자연들도 자신의 실체를 알리듯 바람 따라 흔들린다. 묘한 생각에 사로잡혀 생각해 보니 산 밑 운동장에서 체육대회를 하면서 울리는 총성이었다. 현장에서 듣는 총성소리와 달리 지상의 울림통과 함께 현기증이 일어날 정도로 요란했다.

'바다는 놀라지 않았을까.' 하며 보았다. 좀 전까지 잔잔했던 바다와 달리 파도가 일렁이고 있다. 땀으로 흠뻑 젖고 팔각정에 도착한 우리를 반긴 것도 바람이다. 총성과 함께 모든 사물이 동시에 움직이는 찰나의 모습을 처음 보았다. 솔솔 불어오는 바람은 땀을 식혀 주고 놀란 가슴까지 안정시켜 준다.

잔잔했던 바다도 동시에 움직이는 이유가 있을까. 하고 생각하다 달력을 보았다. 그날이 음력 십삼 일 다섯물이다. 총성이 울리던 시간이 때마침 썰물이 나는 시간이기도 하다. 물때에 따라 바다도 변화를 일으키며 바람이 불면서 모든 사물도 동시에 움직이는 시간이었다. 현기증을 일으키며 놀라던 나에게 어떤 변화도 찰나의 순간으로부터 시작한다는 걸 일깨워 주었다.

내려와서 등대산공원에 올라갔다. 그곳에 서니 막연하게 생각하던 추자 섬이 대강 다 보인다. 회원들과 심장까지 체험하고 내려온 산은 처음 도착한 대서리 구역에 불과하다. 버스를 타고 섬을 한 바퀴 돌면서 나머지 관광지와 산책로를 들르자고 의견을 모았다. 배가 본섬으로 떠나갈 시간이 가까웠다는 이유로 막연하게 종점까지 갔다가 다시 그 버스를 의지하고 시간 맞추어 부두로 와야만 했다.

오전과 달리 파도가 일렁이는 바다는 관광섬으로 거듭나려고 애쓰는 사람들처럼 바쁘게 출렁이고 있다. 오늘 한산한 포구에 내일은 조기 작업하고 와서 활력이 넘치는 일상으로 이끌어 가려나 보다. 구석구석에서 그물을 손질하는 손길이 분주하게 움직이고 있다.

그렇게 기다리던 비

2013년 여름이다. 유례없는 가뭄과 폭염이 이 개월 가까이 이어진다. 우리 집 맞은편 밭에 콩이 경작되었다. 그 밭 구석에 나는 고추를 심었다. 메말라가는 고추에 매일 물을 줄 때마다 '콩 주인은 수도가 없는 넓은 밭이기에 물 줄 엄두도 못내는 것일까.' 하고 아쉬움을 안겨 주던 작물이다.

어느 날 콩잎이 부드럽게 돋아나는 모습을 보면서 따려는데 '긴 가뭄으로 겨우 싹을 틔우는데 따버리면 강렬한 태양을 가리지 못해서 뿌리까지 메마를 수도 있다.'고 설명하는 것 같아 멈추었다. 매일 지켜보며 안타까워하던 콩잎을 따려던 순간 마음과 행동이 다른 자신을 의식하게 된다.

기술력과 정보만 있으면 지을 수 있던 농사였다. 올해는 가뭄이 길어지면서 농산물이 시들시들 말라가는 현상이 일어난다. 지구 온난화에 따르는 이상기후를 예측하기 어려워 농부들을 긴장하게 한다. 이젠 기술도 필요하지만 기후에 따라 노력의 댓가를 받아들여야 하는 현상이 일어나고 있다.

장마다운 비도 제대로 내리지 않았는데 여름이면 그토록 크게 내리던 비도 내리지 않았다. 사방에서 가뭄의 현상이 일어나 지하수를 의지하면서 식수까지 위협받고 있었다. 농수로가 있다지만 며칠만 사용하면 부족해서 타들어가는 작물을 위해 손쉽게 상수도를 이용한 결과였다.

점점 가뭄의 피해가 늘어나는 현상을 지켜보던 도민들은 간절한 마음을 모아 사방에서 기우제를 지낸다. 온 섬의 생명체가 비를 원하는 간절함이 어느 신에게 닿았을까. 아니면 자연의 현상으로 받아 들여야 하는 것일까. 완전히 메마르기 직전에 여름비가 흡족하게 내렸다. 정말 기다리고 또 기다리던 단비였다. 그 비를 머금은 모든 생명들이 생기가 돈다. 어느 순간부터 성장을 멈춘 것 같던 콩도 유난히 꽃이 많이 피었다. 자주 내리는 비에 키를 키우는 대신 때마침 내린 비를 의지해서 꽃 피우는 데 온 힘을 쏟았을까. 그 모습을 지켜보고 있노라니 비의 소중함을 그렇게 절실하게 느낀 적이 또 있었나 싶다.

비로 인해 계절이 순환한 것일까. 끝이 없을 것 같던 폭염의 기세마저 한결 누그러뜨렸다. 메마른 땅과 농산물에 명약이 되어 사방에서 생동감이 넘친다. 차차 가을의 기운이 온 섬에 내려 앉아 답답했던 긴 여름의 모든 고난을 뛰어넘어 모든 만물이 나름대로 제자리에서 너무나 오묘하게 풀어간다.

아침저녁으로 서늘한 바람이 불면서 여름내 찌들었던 피부에 닿는 촉감이 감미롭다. 바람결에 곡식의 잎들은 점점 단풍으로 변화를 일으키면서 떨어지고 알맹이는 더욱더 영글어 간다. '가뭄과 폭염의 악조건의 해를 맞이한 농산물들은 시달리다 제대로 결실을 맺을 수 있을까.' 하고 걱정하던 마음을 안고 주인이 콩을 꺾던 날 일부러 들어가 거들었다. 생각했던 것보다 잘 여물었다. 조건을 갖추고 그보다 잘된 농사도 강한 태풍이 불어닥치면 순간적으로 휩쓸어가던 해도 많았다. 그런 결과에 비하면 얼마나 다행인가.

옛 어른들 말을 빌리자면 처음 다가온 태풍이 약하면 그 뒤를 따르던 태풍마다 저절로 약해진다는 말씀이 맞아 떨어진 해인 것 같다. 처음 다가온 태풍이 약하게 지나가더니 몇 번 다가온 태풍마다 다른 나라로 방향을 돌려가면서 가뭄에 시달리던 제주 섬은 간접적으로 지나가 그나마 농산물에 큰 피해가 없다.

지구와 지상이 맞물려 돌아가는 기후를 이용해 살아가면서 완전한 것을 얻으려는 자체가 무리인지 모른다. 늘 변화가 오고가는 계절 사이에서 모든 생명이 나름대로 적응하다 사라지는 게 있으면,

새롭게 태어나거나 부족한 부분을 애써 채워가는 것도 있게 마련이다. 그 섭리를 있는 그대로 파악하지 못하고 상황에 따라 성급하게 조바심을 내던 자신을 부끄럽게 하는 결실이었다.

머물고 싶었던 곳

하도에 있는 '쉼표가 있는 뜨락' 펜션에서 아카데미 하계 세미나가 처음 열리던 날이다. 네 사람의 작품을 가지고 서로의 의견을 교환하는 열띤 토론은 정해진 시간이 부족할 정도로 열기가 대단하다. 서로의 아쉬움은 다음으로 미루었다.

다양한 나무와 꽃과 채소들이 심겨진 마당에서 지역 회원들이 정성껏 마련한 만찬을 즐기는 시간이다. 춥지도 덥지도 않은 초가을의 밤이다. 귀뚜라미 소리도 반긴다. 장단에 맞추어 싱싱한 회를 음미하며 분위기에 젖어든다. 식탁 뒤에서는 고소한 냄새를 풍기는 삼겹살이 지글지글 익어간다. 활활 타오르는 숯불은 어떻게 만들어졌을까. 나무가 가마 속에 들어가 몇 천 도의 열기를 묵묵하게 받아들이고 내면까지 태워지면서 검은 원색의 가치로 탄생하였으리라.

교수님이 마련해온 양주로 서로 건배를 하였다. 지위와 선후배의 격을 다 내려놓고, 노래와 이야기로 웃음꽃을 피우며 분위기는 무르

익어간다. 행사를 즐기는 사람마다 같이 공부하면서 언제나 열성을 보이는 주인에게 고마워한다. 답례로 "우리 뜨락을 찾아주어서 정말 고맙습니다. 마음껏 즐기세요." 인사하고 남편을 소개했다.

소개 받은 남편은 "저희 집을 찾아주어서 정말 고맙습니다. 내 집이다 생각하며 마음 푹 놓고 지내다 가세요." 한다. 부부가 일심으로 애쓰면서도 오히려 고마워하는 마음이 너무나 아름답다. "남편은 "저가 존경하는 선배를 소개해도 되겠습니까." 한다. 듣고 있던 일행들은 서로 누군가 싶어 사방에서 "예~에." 하고 대답했다.

외국은 물론 전국을 두루 돌아다니면서 경륜을 쌓았단다. 젊은 시절부터 고향을 위해 헌신하고 애향심이 투철하여 아직도 초가집에서 민박 사업을 하는데 매일 아침 눈 뜨자마자 삼만 평의 정원을 즐기며 살아가는 선배라고 소개한다. 그 사람은 같이 공부하는 김 선생이었다. 듣다 보니 상상을 초월하는 정원이다. 옆에 앉아있는 선생에게 "이 마을에 그런 곳이 있나요?" 하자 "개인적인 정원이 아니라 집 앞에 펼쳐진 철새도래지를 말하는 것 같아요." 한다. 정말 참신한 마음을 가지고 살아간다는 생각이 들었다.

경관 좋은 곳에 자리 잡은 옛 건물은 대부분 허물고 높은 신축으로 세우고 있다. 빠르게 변하는 현실 속에서 이대에 걸쳐 살아온 초가를 개축하고 살아가면서 주변 자연 경관을 자기 정원처럼 생각하는 마음의 여유는 어디에서 오는 것인가.

다음 날 의문을 안고 초가집 마당에 들어섰다. 동쪽으로 돌아서니 왼쪽에는 한없이 펼쳐진 바다, 오른쪽은 크고 작은 오름이 펼쳐지는 중산간이다. 앞에는 철새도래지와 갈대밭 건너편에 지미봉이 자리 잡았다. 그 위치와 높이가 제주 신화 속 설문대 할망이 양팔을 벌리고 서면 다 품을 수 있을 것 같은 기운이 감돈다. 높은 건물로 자리 잡고 있었다면 묘한 기운을 감지할 기회를 놓치고 말았으리라. 농촌에서 태어나 농촌에서 살고 있지만 처음으로 느끼는 기운이다.

그제야 김 선생이 아직까지 초가집을 고집하는 이유를 이해하게 된다. 앞만 보고 달려온 현실에서 제주다운 모습 중에 하나가 초가집이다. 농촌과 어울리는 초가집은 조상님들의 삶과 정신을 엿볼 수 있다. 그 풍경이 아직도 설렘으로 다가오는 지역을 쉽게 저버릴 수가 없었으리라.

초가집은 제주의 전통 건물이지만, 이젠 특정 지역에 가기 전에는 접하기 어렵다. 매년 지붕을 이어야 하는 번거로움은 있지만, 해마다 이어가는 띠가 옛 어른들이 주고받던 정처럼 차곡차곡 쌓이면서 겨울에는 따뜻하고 여름에는 시원하다. 건물과 골목길까지 시멘트로 완성된 일상 에서 잠시 벗어나 마당에 잔디와 초가집의 온기를 직접 느끼며 단 며칠이라도 머물고 싶어진다.

초가에서 자급자족하던 시절을 떠올리며 사방을 바라보았다. 아직도 남아있는 슬레이트 지붕이 보인다. 동시에 필요에 의해 다시 태우던 숯불이 떠오른다. 재생의 불꽃으로 많은 요리를 탄생시키듯, 아직도 남아있는 옛 건물을 새롭게 재생하는 방법은 없을까.

의문 따라 철새도래지를 한참 바라보고 있었다. 나도 모르게 호수가 중심이 되어서 하도에서 종달리 지미봉 밑에까지 빙 돌아가면서 수없이 많은 초가집을 짓는 현장을 상상하게 된다. 현실에서 불가능하기에 순간 상상의 세계로 빠져들었던 것인가. 아직도 시골 풍경이 잠재된 지역에서 소통하고 싶은 마음을 잠시나마 자유롭게 동경하게 내어준 지역 분들에게 감사하는 마음이 생긴다.

변화에 따라 살아가는 것도 중요하지만 외부에서 일어나는 변화를 보고 느끼는 것으로 만족하고 기존에 것을 보존해온 분들은 얼마나 대단한 정신을 지니고 살고 있는가. 삶 자체가 전통의 문화가 현실에서 공유되면서 여러 가지 정서를 일깨워 주는 역할을 하고 있다.

아무리 세월이 흘러가도 현재와 과거를 공존할 수 있는 공간에 평생의 삶으로 마련된다면 무엇을 더 원하겠나 싶어진다. 복잡한 현실에서 벗어나 섭리에 따라 유유히 흐르는 물줄기처럼, 계절에 따라 피고 지는 결실을 거울 삼아 살아가는 전통의 삶은 상상만 하여도 마음에 여유가 생긴다.

승흥사

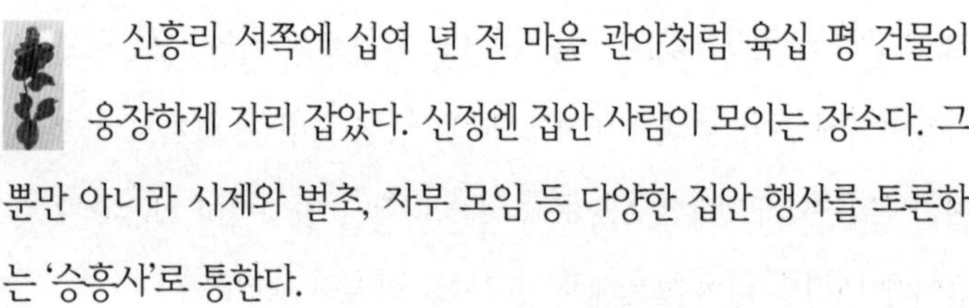

신흥리 서쪽에 십여 년 전 마을 관아처럼 육십 평 건물이 웅장하게 자리 잡았다. 신정엔 집안 사람이 모이는 장소다. 그뿐만 아니라 시제와 벌초, 자부 모임 등 다양한 집안 행사를 토론하는 '승흥사'로 통한다.

이십여 년 전부터 완성하기까지 단합된 열의로 키워가기 시작하였다. 자부 모임 있을 때마다 바쁜 시간을 쪼개어 와서 조상의 뿌리를 설명하던 분이 있다. "남자들은 당연히 알아야 하지만, 여성들도 관심을 두어야 나은 집안으로 자리 잡을 수 있다."며 늘 강조하는 시간으로 삼았다.

처음 봤을 때는 평범한 공무원이었다. 한 단계씩 올라가 수목원 계장에서부터 조천읍장으로 머물다 도 의장까지 지내던 분이다. 개인의 발전뿐만 아니라, 집안에 어려운 일이 있을 때마다 끊임 없이 앞장서는 일을 마다하지 않았다. 고향에서 서로 서로 힘을 모으는 열의로 이끌어가는 모습은 일본에 거주하는 친족에게까지 전달되었다. 감동받아 승흥사 자리 잡은 부지와 많은 돈을 보내어 왔다.

집안사람 모두 서로 주고받는 고마움을 밑바탕 자본 삼아 제단 세우는 계획을 의논한다. 경비가 워낙 많이 들기에 개개인이 능력껏 내놓았다. 서로 정성과 노력을 아끼지 않았기에 점점 자본이 많아지면서 단기간에 건물이 완성되었다. 완성된 다음에도 타지에 사는 친족 분들이 돈과 물품들을 아낌없이 보내는 열의가 대단하였다.

우리의 집안은 가락국 시조인 김수로왕과 허왕후의 자손이란다. 김해김씨 49세손 삼현파의 유래는 조선조 22대 정조대왕이 명명하였단다. 현재 살아있는 후손이 칠백여 명이다. 돌아가신 분이 이백오십여명이란다. 근원적인 역사에서부터 현재까지 지속적으로 소통하며 찾아낸 결과를 듣게 되었다. 내 남편이 삼현파 72세손이다. 제주에 입도주로부터는 23세손이다. 뿌리에 대한 말을 듣는 순간 한 가정의 며느리, 아내, 두 아들의 어머니로서 뭔가 가슴 가득 채워진 기분이었다. 이전에 모르고 살다가 알게 된 뿌듯함이었으리라. 사방을 살펴보니 모여 있는 모든 분들이 같은 생각을 하듯, 기쁨을 감추지 못하면서 서로가 자축하는 뜻 깊은 날이었다.

남달리 많은 노력과 정성을 아끼지 않았던 의원님이 재단을 직접 설계하였다. 건물 중심인 제단이 완성되었다. 위패 봉안식을 하는 날 김수로왕과 허왕 후 존영까지 표구해서 제단 상단에 모셨다. 우리 집안에 뿌리가 되는 두 분을 사진으로나마 모시게 되면서 훌륭한 분의 자손임을 직접 실감하게 된다.

한 가정의 경계를 뛰어넘어 한 집안이란 큰 틀이 중심이 되었다. 다른 집안에서 부러워하고, 방송국에서도 찾아와 답사하고 갈 정도다. 거기서 안주하지 않고 몇 년 전부터 김해에서 강릉으로 가 자리 잡은 조상의 뿌리를 찾았다. 대이어 많은 자손이 늘어나던 중, 한 자손이 제주에 처음 입도한 1세 중원 할아버지였다. 제주에 안주한 입도주 조상이기에 시제 지내는 날 대표로 돌아가면서 강릉으로 올라가 자손의 도리를 하였다.

제주에도 자손이 많아지면서 미리 준비하였기에 뿌리와 관계를 정리하고 족보까지 새로 완성하였다. 아무리 재력이 있어도 의견이 다르고, 추진하는 분이 없었다면 제자리에서 맴돌기 마련이다. 다행히 사라져가는 조상의 뿌리를 찾는 자손들의 상호관계가 깊어지면서 끊임없이 관심을 둔 결과였다. 긴 세월 알게 모르게 노력한 분들 덕이다.

한 집안의 열의로 타오르면서 더욱더 뜨거워져 아들 집안뿐만 아니라, 시집간 딸 집안에서까지 성금을 가져오거나 보내오고 있다. 남녀 또는 세대까지 뛰어넘어 서로 도움 주고받는 집안이 되었다.

원하면 항상 준비가 된 수레바퀴처럼 아직 자본은 없지만, 마음만은 시대보다 앞선 공원묘지를 진행시키고 있다.

오래전부터 중학생에서부터 대학생까지 우수한 학생들마다 장학금 전달하며 미래에 대한 희망을 해마다 키우고 있다. 그 장학금 받은 아이들이 벌써 자라 국가, 지역사회에서 헌신하고 있다. 한집안의 여운이 나라 곳곳에서 위력을 발휘하고 있다고 생각해 본다.

점점 전국적으로 퍼지면서 옛날 돛단배로 바다에 고기 잡으러 갔다가 태풍을 만나, 죽을 고비를 넘기며 부안까지 떠내려간 형제에게까지 알려졌다. 몇 년 전 부터 직접 농사지은 쌀과 금일봉을 가지고 오거나 보내온다. 쌀로 신정에 떡국을 뽑아 남녀노소 육칠 명이 모인 자리에서 맛있게 나눠 먹는다. 지난날 어려웠던 시대를 옛날이야기로 삼으며 사방의 경계선을 지우고 서로에게 오고가는 탑을 쌓고 있다.

이제는 보고 듣고만 있어도 허기진 배를 가득 채운 것처럼 든든하다. 처음부터 끝까지 상황에 따라, 서로 자청하는 마음과 성의가 화음을 이루어 놓은 결과다. 한 가지라도 부족했다면 균형이 잡히지 않았으리라. 처음부터 끝까지 중심을 잡고 변함없는 화음으로 이루어온 결과였다. 재단에 들어서면 언제나 화기애애한 분위기가 넘치는 보고로 자리 잡아가는 집안이 되었다.

해녀의 길

오십여 년 전 해녀의 삶을 떠올려 봅니다. 섬 안의 삶은 척박한 땅을 일구어도 가난에서 벗어나기 힘든 삶이었습니다. 농어촌의 생활은 미래를 내다보기보다 당장 먹고살기에 급급하던 시절이었습니다. 할머니와 어머니는 밭일을 하다가도 힘들면 바다에서 하던 버릇처럼 '호오~이.' 하고 자주 숨을 내쉬었습니다. 돈 나오는 길은 물질밖에 없다며 딸이 태어나면 해녀의 길을 전승하려 합니다.

여자이기에 물숨 단련하고 잠재적 기질을 키워갑니다. 결혼하면 가족 생존하기위한 길이기에 이가 덜덜 떨리는 추위를 참고 견디면서도 마다할 길이 없는 삶이었습니다. 내 어머니는 자식 산달 받아 놓아도 달구리부터 뒤뚱뒤뚱 밭으로 재촉합니다. 힘들게 거친 밭일을 하다가 다시 물때 맞추어 바다 여로 달려갑니다.

산처럼 자식을 품고 한질 두질 내려가다 해산물이 보이면 깊이 가늠할 틈도 없이 바다 수압을 다룹니다. 두 목숨 걸고 십 미터 이상 내려가면 귀가 멍멍하지요. 소라 전복 잡고 올라오면 목에서 쇳내가 납니다. 멈추었던 숨을 숨비 소리로 호오~이 호오~이 저승길 문턱에 갔다온 숨을 몰아쉽니다.

태아 심장 박동 소리를 듣고 멈추어야 모성애 사랑이라고 생각했습니다. 어머니는 상군의 기질을 버리지 못하고 망사리 가득 채워져야 나옵니다. 뱃속에 자식도 중요하지만 온 가족 생존을 위한 기량으로 키우다보니 상군의 길로 이끌어 갔을까요. 어쩌면 삶의 터전으로 삼다보니 상군이 되었다는 생각을 하게 됩니다. 거의 탈진하다시피 전신에 힘이 다 빠지는 작업입니다. 암담하게만 느껴지는 삶을 이어가며 비상하는 해녀의 길입니다. 그토록 강인한 정신으로 먼 조상으로부터 대대로 전승하며 묵묵하게 이끌어 온 세월이 몇 백 년입니다.

내 어머니는 고무옷이 나오자 핏덩이 탯줄을 끊고 며칠 쉬지도 않고 다시 발원지로 향합니다. 차고 매서운 바람을 담금질하며 소라 전복에 취해서 때 놓친 젖가슴 탱탱 불어옵니다. 아기는 배고파 울고 어머니는 젖가슴 바다에 짜내었다 합니다. 듣고 있던 어린 나는 보채는 아기와 함께하다 왜 늦었느냐고 따졌습니다. 무심코 던지던 말 한마디가 어머니에게 상처가 되는 줄 몰랐습니다.

나도 열 살 때부터 십구 세까지 해녀의 길을 걸으며 중상군이 되었습니다. 깊은 바다에 들어가면서 느끼던 고통과 탈진을 직접 경험을 통해서야 어머니의 삶을 이해하게 됩니다. 해녀에서 벗어나도 저절로 보고 듣던 이야기와 어머니 삶이 가슴속 깊이 자리 잡았을까요.

산업사회로 변하면서 해녀들은 모질고 고달픈 길이 업보라며 대물림을 끊으리라 다짐합니다. 아들딸 구별하지 않고 배움의 길로 마음 담아 내보냅니다. 물 숨 먹은 전대를 풀고 학비에 투자하였습니다. 모자라면 황소와 땅을 팔아서 마음껏 배우라 합니다. 삶이 얼마나 고달팠으면 자식들에게 대물림을 안 하려고 했을까요. 전승하고 베풀기만 한 할머니와 어머니들은 평생 짊어지고 온 해녀의 길이면서 삶의 터전으로 삼았습니다.

자식들이 정보화시대로 이끌어온 세상이 아무리 편해도 바다의 지주처럼 짊어지고 살아가던 기량을 멈추지 않았습니다. 맨몸으로 물숨을 단련하고 잠재적 기질을 키우며 거친 물살과 싸우고 깊은 바다의 수압을 다루며 단련합니다. 바다 구석구석 누비지 못할 곳 없는 대大 상군들만 누비는 공간이 따로 있습니다. 해녀 기질이 제주 섬 전체 울리던 메아리가 전국적으로 퍼지다 전 세계로 알려졌을까요.

2016년 유네스코 인류무형문화유산으로 등재되었습니다. 소식을 듣는 순간 가슴이 벅찼습니다. 특히 어머니의 삶이 한 편의 영화처럼 스쳐 지나갑니다. 산처럼 자식을 품고 밭과 바다로 뛰어다니던 삶을 떠올리며 줄줄 흐르던 눈물이 강이 되어 바다로 이어집니다.

제주 어머니들이 원하는 대로 자식들이 다양한 전문직으로 자리 잡았습니다. 해녀학교를 설립한 교장 선생이 바다 현장에서 "기진맥진하면서도 팔 미터나 되는 바다에 들어갔다 나오는 반복을 한다." 면서 눈물을 흘립니다. 눈물 앞에서 따듯한 마음과 열의가 넘치는 마음이 서로 서로 이어지면서 해녀들의 애환이 담긴 드라마 같은 장면을 연상하게 합니다.

이제야 관광자원으로 문화적인 측면에서 해녀의 우월성이 드러나고 있습니다. 제주의 특별한 자산이면서 지역사회와 국가와 국제화로 인적 자원이 수면 위로 올라섰습니다. 기량과 능력을 키우던 해녀의 길을 통해 삶의 애환을 달래던 기나긴 세월의 한을 다 풀고 내려놓을 수 있겠지요.

선조로부터 고달픈 삶이 밑바탕에 내재한 바다였습니다. 본연의 삶을 대대로 수백 년 이어오던 해녀의 삶의 상징으로 이끌어가고 있습니다. 제주를 아끼고 사랑하는 마음과 마음이 이어지면서 해녀의 길을 넓혀가는 시대로 탈바꿈되었습니다.

여기까지 보고 들으며 작품을 쓰다 보니 좋은 세상을 못 보고 가신 어머니에게 전하고 싶어집니다. "어머니~이! 어머니~이!" 애잔하게 불러 봅니다. 천상에서도 보고 듣고 있나요. 좋은 세상 보고 들으며 기뻐서 손짓해도 딸에게는 들리거나 보이지 않습니다. 답답해서 스스로 부르던 메아리를 붙잡고 천상의 세계를 상상해 봅니다. 높은 곳에서 밑으로 내다보며 가슴이 벅차서 아득하게 전하는 마음의 소리가 지상에 내려와 메아리로 울려 퍼지는 것 같습니다.

몸은 비록 떨어졌지만 태어나면서 자궁에서부터 단단하게 이어진 모녀 사이의 마음은 아직도 동여매졌나 봅니다. 딸이 전하고자 하면 어머니는 듣고 화답하는 메아리가 날아와 심장으로 잦아드는 것 같습니다. 세월이 가도 전하는 딸이 있기에 빨리 간 세상 너무 아쉬워하지 말고 편히 안주하세요.

자연 속 인간, 인간 속 자연

–부진섭의 수필 세계

허상문(문학평론가 · 영남대 교수)

1.

자연이나 환경에 대한 관심과 우려는 전 세계적인 차원으로 확대되고 있다. 이런 현상은 늦게나마 환영할 만한 일이지만, 생각해보면 이러한 관심과 우려는 오늘날 우리의 삶이 전대미문의 자연적, 인간적 위기의 상황에 직면해 있다는 사실을 말해주는 것이기도 하다. 우리에게 다가와 있는 위기의 상황은 지난 세월 동안 무분별하게 이루어져 온 기술화와 물질화에 기인한 것이고, 그로 인해 지구 전체의 자연과 생태계는 어처구니없을 정도로 파괴되기에 이르렀다. 물론 그동안 과학기술과 물질문명은 눈부시게 발달하였고, 인간의 수많은 생존적 고민은 해결되었으며 인간의 삶은 엄청나게 풍요롭고 윤택하게 되었다는 사실은 부인할 수 없다. 그러나 산업 문명이 인간의 삶을 반드시 긍정적인 방향으로만 이끌어 온 것은 아니다. 산업사회가 쉼 없이 배출해 내는 각종 산업 쓰레기와 폐기물은 땅과 강을 비롯한 자연과 환경을 황폐화하고, 인간은 오염되고 황폐해진 자연환경 속에서 삶의 터전을 잃고 말았다. 인류의 삶이 항상 진보만 거듭할 것이라는 믿음에 기초하여 무리하게 산업화와 과학화를 추진한 데 따른 대가를 오늘날 인간은 치르고 있는 것인지 모른다.

부진섭의 수필집 『탐라의 풍경』은 자연과 인간에 대한 관심으로 가득하다. 작가의 고향인 제주에 관한 깊은 관심, 이를테면 제주 오름과 곶자왈 등의 자연 현상에 대한 작가의 인식은 예사롭지 않다. 작가의 이런 관심은 어린 시절부터 자신의 가슴을 뛰게 하던 자연이 파괴되거나 훼손되는 것에 대한 우려와 근심으로부터 우러나오는 생태적 인식을 잘 보여주는 것이다.

> 제주 오름과 곶자왈 등을 다니다 보면, 이 모든 것들이 보물처럼 다가왔습니다. 그 오묘함에 반해 눈과 귀, 마음까지 열어놓아 보고 들으며 느끼게 됩니다.
>
> 그 오묘함을 제대로 담아내지 못하는 자신과 싸우다 그 현장에 여러 차례 다시 찾아가기도 하였습니다. 마주할 때마다 다르게 다가오는 사물들을 어느 한 가지 측면만으로 표현하지 못해서 다시

계절마다 찾아갔습니다.

마주하는 횟수가 늘어나면서 다가오는 여운이 새롭게 감돌면서 가슴을 뛰게 합니다. 때로는 훼손된 자연의 모습이 마음 아프기도 했지만 언제 어디서나 내 삶의 일부처럼 마음을 채워주었습니다.

–「머리말」에서

작가는 제주의 자연과 함께 살아왔지만, 진작부터 이곳의 다양한 풍경을 제대로 포착하여 문학작품으로 만들지 못했음이 안타까울 뿐이라고 말한다. 산업화와 과학기술은 인간 삶을 새로운 단계로 이끌었지만 이런 추세로 나아간다면 자연과 인간성은 완전한 파국의 단계에까지 이르게 될지도 모른다는 인식을 하기에 이르렀다. 지금 우리에게 닥친 자연과 인간의 위기, 이른바 생태적 위기는 실로 인간은 자연과 어떠한 조화로운 관계를 이루며 존재해야 하는가, 더 나아가 우리에게 진실로 소중한 삶은 어떠한 것이어야 하느냐는 물음에 근원적인 성찰을 할 것을 요구하고 있다.

부진섭의『탐라의 풍경』을 이해하는 데 있어서 무엇보다 중요한 것은 자연에 대한 작가의 관심과 탐구라고 할 수 있다. 오늘날 많은 작가들이 산업 문명의 발전과 더불어 파멸해가는 농촌 현실과 자연에 관심을 기울이고 있지만, 이런 주제에 대하여 부진섭만큼 집중적인 관심을 기울인 작가는 흔치 않다. 부진섭은 인간과 자연, 자연과 인간의 관계에 대하여 지대한 관심을 보이면서 이것을 자신의 가장 주요한 문학적 주제로 삼고 있다.

부진섭 수필의 주된 배경인 제주는 단순한 작품의 배경에 그치고 있는 것이 아니라 자연과 인간의 관계를 새롭게 생각게 하는 역동적 공간으로 기능하고 있다. 사회발전과 더불어 전통적인 공동체의 삶의 공간은 파괴되고, 그곳에서 살던 사람들은 안정된 삶의 터전을 상실하게 되었다. 작가는 제주의 공동체와 그곳에서 살아가던 사람들의 삶의 공간이 상실되어 가는 것을 직접 체험하고, 이러한 현상을 자신의 고통으로 받아들이며 문학적으로 형상화하고 있다. 따라서 작가는 앞서 언급한 우리들이 보편적으로 당면하고 있는 산업화로 인한 자연과 공동체의 파괴, 더 나아가 이런 생태적 문제가 일으키는 삶과 인간의 위기상황을 바라보면서 그에 대한 깊은 관심과 우려의 시선을 보내고 있는 것이다.

2.

부진섭 수필의 무대가 되는 제주는 다른 지역에 비해 발전 속도가 비교적 느린 편이었다. 여기에는 물론 여러 이유가 있을 수 있겠지만, 이 지역이 섬 지역이라는 독특한 삶의 환경에 처해 있고 주로 어업과 농업을 중심으로 생계가 영위되던 지역이었기 때문이다. 따라서 도서 지역의 특성상 외부와의 교통이 활발치 못하였고, 자연히 다른 지역의 평균적 삶의 수준에 비해 주민들의 생활 수준이 뒤떨어지는 곳이었다. 생활 수준의 낙후에도 불구하고 제주 지역은 전통적인 공동체 문화가 어느 지역보다 온존하고 있었다. 이러한 분위기 속에서 제주 사람들은 과거부터 내려오던 토착적 공동체적 문화와 관습, 그리고 자연과의 조화 속에서 평화로운 삶을 영위해 나가게 되었다.

부진섭의 작중인물들도 이 같은 현실에서 예외가 아니어서 전통사회의 고유한 모습을 잘 받아들인 사람들이었다. 그들은 한편 전통적인 삶의 가치 속에서 자신들을 보존해야 했고, 다른 한편 변모해가는 가치 체계 속에서 자신들을 적응시키면서 생존해야 하는 존재들이었다. 작가는 그들을 통하여 제주의 전통적인 농촌사회를 그리워하며, 파괴되어가는 자연과 시골의 모습을 목격하게 되었다. 예컨대 제주 곶자왈은 제주 사람의 생명을 가능케 한 제주의 허파와 같은 곳이다.

옛날 쓸모없던 불모지가 지금에 와서는 절약해둔 소중한 보물창고 같은 역할을 하고 있다. 척박한 불모지가 아니었다면 시대와 상황에 따라 이미 밭으로 개발하면서 개인적인 소유지가 되었으리라. 세월이 가면서 지하수가 오염되거나 부족할 수도 있다. 덩달아 숲이 사라지면서 맑은 공기가 사라지는 섬으로 이끌어갔으리라. 우리네 삶에 없어서는 안 되는 소중한 물과 공기다. 오염되거나 부족하면 더욱더 치열한 삶으로 이끌어가게 된다. 다행히 되돌릴 수 없는 재앙이 일어나기 전에 곶자왈을 보존하게 되었으니 얼마나 다행인가. 시대에 따라 삶의 연결고리처럼 끊임없이 안전하게 순환의 길로 이끌어가는 제주의 원천으로 자리 잡게 되었다.

－「우리의 휴식처」에서

작가의 말대로 인간은 많은 변화를 거듭하며 살아왔지만, 자연은 인간의 미래를 대비하듯 숲과 물과 공기를 잘 보존하면서 키워내었다. 그로 인해 청정한 지하수를 비롯한 자연은 아름다운 제주를 탄생시켰다. 실로 제주는 보물보다 더 귀한 무한함이 잠재된 공간이다. 그렇지만 오늘날 제주가 파괴되어 가는 모습은 아쉬운 일이 아닐 수 없다. 위 인용문에서도 이야기되고 있듯이, 곶자왈로 표상되는 제주 농촌은 문명의 침입을 거부하며 자연 상태로 남고자 하지만, 산업화의 물결에 의해 서서히 그 모습을 바꾸어가게 된다. 작가의 표현대로 "삶의 연결고리처럼 끊임없이 안전하게 순환의 길로 이끌어가는 제주의 원천"인 산과 들과 마을과 사람이 모두 변화되어 간다. 산업화와 문명의 힘으로 파괴되는 것이 물리적인 것만은 아니다. 특히 작가는 전통적인 시골 사회의 구성원들이 소중하게 간직해 온 생활 원리와 인생관에 밀어닥친 근대화와 물질적 가치관이 그들의 삶 전체를 송두리째 흔들어 놓고 있는 것을 심각한 눈으로 바라본다. 이제 제주지역은 곳곳에서 변화해 가고 있다. 작가는 어린 시절부터 가까이서 보아 온 '두산봉의 변화'를 다음과 같이 이야기한다.

> 내 어린 시절, 오름에 있는 다양한 잡초는 소들의 반복적인 양식이 되면서 웃자랄 틈이 없었다. 시대에 따라 소를 키우지 않아서일까. 너무나 무성해서 발길에 치이고 걸리면서 넘어진다. 뒤에서 지켜보던 아버지는 어린 딸에게 말하듯 붙잡으며 "조심해라." 하고 앞장서 헤쳐나가며 길을 만든다. 사방이 탁 트이던 분화구도 무성한 잡풀과 개발하면서 산만해진 탓인지 산소 같은 공기는 옛날처럼 순환이 안 되었다.
>
> 논처럼 넓은 습지는 작은 웅덩이만 남기고 사라졌다. 아니 습지 전체를 높이 메우고 밭으로 사용하면서 오름 전체에서 내려오는 빗물을 받아들이고 순환하던 원천이 사라졌다. 그 위에 능선 중심부에는 깊이 파서 평지로 만들어 소들을 가두는 목장으로 이용하면서 태초의 형상이 사라졌다. 마구 개발하면서 공기와 물소리도 사라진 분화구는 너무나 산만하다. 일상에서 답답한 마음을 달래려고 갔다가 피폐해진 산천 앞에서 생각이 더 많아졌다.
>
> －「두산봉의 변화」에서

이 글에서 화자는 결혼하여 아내와 며느리이자 두 아들의 어머니로 살아오면서 삶의 환경이 너무나 바뀌어 가고 있음을 개탄한다.

제주의 원래 모습과 전통적 가치들은 모두 파묻혀 가고 있다. 오늘날 제주의 상징이 된 올레길도 옛날 같은 시골길로 되돌아가기를 소망해본다. 물질문명과 과학기술이 아무리 발전해도 인간 삶의 바탕과 자연의 심오한 진리를 해명해주지는 못함은 물론이다. 과학이 아무리 발달하고 인간의 지식이 아무리 진보한다고 해도 자연과 우주가 간직한 신비를 완전하게 규명치는 못할 것이기 때문이다.

그런데도 오늘날 많은 사람이 과학적 지식에 대해 맹목적인 신뢰를 하고 있으며, 인간은 어떠한 잘못을 저질러도 과학이 모든 것을 해결해줄 것이라는 과학 내지는 기술만능주의적 사고에 깊이 빠져 있다. 작가는 여러 작품에서 자연과 인간이 교감을 통하여 새로운 삶의 세계에 눈떠야 함을 강조하고 있다. 자연과 우주의 질서와 조화로운 관계를 맺지 못하는 지식은 결국 인간에게 소외와 고통을 가져올 뿐이라는 작가의 인식은 주목할 만 하다.

3.

제주의 자연은 부진섭에게 하나의 살아있는 생명체이며, 그 속에서 작가는 도시 문명에서는 상상할 수 없는 무의식적인 힘과 활기를 얻는다. 또한 이것은 곧 작가의 문학적 상상력을 키워나가는 자양분이 되었다. 작가는 제주 바다와 오름과 그 속에서 들려오는 자연의 소리를 이해했으며, 여기서 온갖 식물과 꽃 그리고 동물과 호흡을 같이하며 친교를 나누었다. 겨울의 황량하고 어두운 자연에서 울려오는 소리는 때로 비극과 고통의 소리였고, 봄과 여름의 밝은 자연 속에서 울려오는 소리는 환희와 기쁨의 소리였다. 이 글에서 자연 속 동물과 식물의 미세한 움직임 하나하나와 그들에 대한 생태적 묘사는 인간에게 삶의 의미를 새롭게 깨닫게 해주는 것이었다.

그래서 작가는 "자연은 언제 어디서나 자기 양만큼만 받아들이지, 인간처럼 탐내어서 저장하거나 가두지 않는다. 섭리에 따라 많으면 나누고, 부족하면 자생력으로 자유자재로 순환하고 있다."라고 생각하게 된다. 연못을 바라보면서 작가는 자신의 감정을 이렇게 토로한다.

> 순환되는 연못은 비가 오면 빗물은 밑으로 내려가면서 고였던 물은 햇볕을 받아 따듯하였기에 위로 올라온다. 바람 따라 일렁이는 물결이 낮은 곳으로 내려간다. 그뿐만 아니라 살아 움직이는 생명들이 흔들리는 힘으로 불순물까지 떠밀려 같이 흘러내려 가고 있다.
>
> 연못이란 공간에서 기후와 생물과 수초가 서로 돕고 도움을 받으며 군락을 이루고 있다. 너무나 맑고 깨끗한 연못이라서 수초 뿌리들까지 다 보인다. 뿌리 사이사이 생물이 움직이는 파동도 한치의 오차도 없이 물결이 일렁인다.

연못 주변 바위에 앉았던 개구리가 인기척에 연못으로 뛰어내리는 순간 잔잔했던 물이 파동을 일으킨다. 찰나의 움직임도 연못을 전체 울리며 변화로 물이 낮은 곳으로 넘치고 있다. 연못을 한 바퀴 돌며 낮은 곳에 다가가자 비가 오지 않았는데 축축하게 젖어 있다. 발길을 옮기자 물이 자박자박 고인 곳도 있다. 연못의 울림에 따라 고인 물이었다.

—「연못의 울림」에서

작가는 자연의 기후와 생물의 움직임이 연못 전체의 순환과 생명을 가능할 수 있게 한다고 본다. 그러나 순환되지 못하는 연못은 오염될 수밖에 없다. 오염된 연못은 심한 폭우가 쏟아지기 전에는 정화될 수 없다. 긴 세월의 순환이 이루어지면서 연못은 가득 채워지고 생명을 유지하게 된다. 자연은 인간의 삶과 그 운명을 같이하는 분명한 힘으로 작용한다. 이렇게 부진섭의 시각에서 자연과 인간은 공동체적 삶의 운명을 지니게 된다. 자연의 힘과 그 질서에 순응해서, 다시 말해 자연의 순리에 맞추어 살아가는 인간은 평안한 삶을 영위해 나갈 수 있지만, 자연의 질서에 역행하는 인간은 결국 파멸을 하게 된다. 반복되는 이야기이지만, 부진섭에게서 인간과 자연의 관계는 그야말로 공생적 공존적인 것으로 인식된다.

미국의 인디언 추장의 표현에 의하면, 인디언 원주민들은 연못 위를 달려가는 바람 소리와 한낮의 비에 씻긴 소나무 냄새마저도 사랑하였다고 한다. 부진섭 글에서도 인간이 땅의 한 부분이고 땅은 인간의 한 부분이어서 인간과 자연은 생명과 영혼을 같이 나누고 있는 것으로 여겨진다. 작가는 거의 의도적일 만치 자연 속의 여러 생물과 공생적 관계를 맺고 화합하며 살 것을 강조한다. 그는 자연 속에서 식물과 새 그리고 곤충들과 화합의 자리를 만들고자 노력하며, 이들이 자신과 평등한 관계 속에서 함께 살아야 할 존재라는 것을 인식한다. 자연과 인간의 공생적 관계를 작가는 담쟁이와 공생하는 나무를 통하여 바라본다. 수많은 자연이 성장하면서 나타난 다양한 생채기 중에 전신을 다치고 살이 파이면서도 이끼와 담쟁이에까지 자신을 내어주고 공생하는 나무도 보인다. 식물들의 모습과 마찬가지로 자연 속 동물들의 모습에서도 공생의 모습은 쉽게 찾아진다.

앞서가던 사람들이 "멧돼지다!" 하고 서로 외친다. 눈을 돌려보니 재빠르게 도망가고 있다. 먹이 활동이 왕성한 멧돼지는 우리 일행이 가까이 오기 전까지는 땅속 뿌리 사이사이를 파헤쳐 놓았다. 식물이 자라나는 데 지장이 있는 것인가. 아니면 빽빽하게 자리 잡은 뿌리로 굳어 있는 땅을 헤집어 놓으면 자연은 숨 고르며 성장하는데 도움이 될까. 멧돼지 똥을 보고 있노라니 한 공간에서 서로 주고받으며 공생하는 부분도 있다고 생각해 본다.

수십 년 전 병참 도로로 달리면서 자연을 거칠게 할퀴며 지나다니던 길이다. 자연의 재해까지 수없이 겹치면서 자연은 생채기를 간직할 수밖에 없다. 많은 고난을 짊어지고 있으면서도 당당하게 성장하고 있다.

–「수악길을 걸으며」에서

고통과 슬픔의 역사를 품고도 자연은 인간을 위해 맑은 공기와 그늘로 자비심을 베풀고 있지만, 인간은 정해진 외길로만 걸어가고 있는 것 같다. 제주에서 흔히 보이는 생태숲은 들어가는 것 자체만으로 자연과 공존하게 된다. 작가는 자연과 그 속에서 살아가는 모든 생물과 일치된 삶을 살아가야 함을 힘주어 말한다. 도시 문명이 자연과 조화로운 일치를 이루지 못하게 될 때, 그것은 오히려 병폐에 불과한 것이라 할 수 있다. 시골 사람들은 도시 문명으로부터 과학적 학문적 지식을 배우지만, 자연으로부터는 더 큰 삶의 지혜와 정신을 배울 수 있게 된다.

부진섭은 인간이 자연 질서 속에서 자신의 위상을 깨닫고, 그 속에서 다른 생물들과 같이 공생적 관계를 맺을 것을 요구하고 있다. 다시 말해 인간은 궁극적으로 자연에서 생성된 존재이기 때문에 항상 자연의 소중한 가치와 의미를 깨달으며 그 질서 속에서 살아야 한다는 것이다. 자연과 인간의 공생적 관계라는 생태적 인식에 기초한 작가의 이런 관점은 오늘날 개발과 건설이라는 명목으로 끝없이 자연을 훼손하고 파괴하는 인간에게 자연의 의미란 무엇인가, 더 나아가 인간은 자연과 어떠한 관계를 맺으며 살아가야 할 것인가를 일깨워 준다.

4.

부진섭 수필에서 많은 인물은 자연과의 조화 속에서 삶을 영위하거나 전통적인 농촌사회에서 살아온 순박한 존재들이지만, 사회 변화 속에서 비인간적 상황과 더불어 인간성을 상실케 되는 상황에 직면하게 된다. 말하자면 이들은 삶의 터전이었던 자연과 농촌 속에 깊게 침투한 도시 산업 문명의 비인간적이고 적대적인 상황 속에서 원래의 인간적 모습을 상실케 되는 존재들이다. 작가는 산업화의 물결이 농촌사회로 침투되지 않을 수 없는 시대적 변화와 그에 따른 자연파괴와 인간적 위기를 개탄하고 있다.

> 자연은 항상 머물러 있는 한 자리에서 자급자족하며 자신을 키운다. 사람은 상반된 삶이지만 엄격하게 맞물려 유기적으로 함께 돌아가는 세상이 되어버렸다. 나는 자연의 한계를 느끼며 다가가야 하였다. 지금까지는 정신적으로 지대한 기운만 요구하며 한없이 빠져들게 하였다.
>
> 중산간이 서서히 무너진다는 문제를 듣고 더 이상 믿을 곳은 한라산이라고 생각하게 된다. 인간이 의지하며 살아가야 할 원천처럼 정상을 응시하여 본다. 신선한 바람이 자애로운 어머니 손길처

럼 볼을 스치며 지나간다. 소중한 공기와 정기를 받으며 주어진 환경 속에서 살아가는 자연들을 자세히 살펴보게 한다.

-「윗세오름의 풍경」에서

자연은 항상 머물러 있지만, 사람은 자꾸 세상의 변화에 따라가지 않을 수 없다는 작가의 이야기는 진단적이다. 제주 사람들을 존재하게 하는 젖줄은 바로 한라산과 같은 자연의 모습이다. 한라산은 자연과 인간의 상호관계를 맺어준 원동력이며 제주 중심에 태산같이 자리 잡고 있다. 이런 의미에서 자연의 거대함은 인간이 만든 사회적 형식과 관습을 뛰어넘는 힘이며, 이를 통해서 자연스럽고 건강한 삶은 누릴 수 있게 된다. 따라서 인간다운 삶은 자연과 조화로운 관계 속에서 가장 훌륭하게 구현될 수 있는 것이라고 작가는 생각한다.

쉬지 않고 돌아가는 계절은 천지 만물을 구별하지 않고 같은 기후 조건 속에서 나름대로 시기와 지역에 따라 진화하고 있다. 가을에 울긋불긋 천연염색으로 물들인 잎이 다 떨어진 텅 빈 가지에 기회를 엿보다 피어났을까.

태풍이 지나간 이후 유난히 더웠다 가라앉았다. 극심한 변화 속에서 텅 비어있는 나뭇가지는 초봄으로 착각하였는지도 모른다. 계절과 상관없이 태풍으로 꽃과 잎을 다 비워낸 공간에서 때늦은 생명을 잉태해서 혼신을 다해 내포한 결과였다. 그렇게 가을에 피어나는 운명으로 바꾼 것인가. 아니면 내년 봄에는 정식으로 피워낼 수 있을까. 봄이 와서 다시 그 나뭇가지를 마주하기 전에는 꽃이 피는 계절을 제대로 확인할 방법이 없다.

－「잎 대신 꽃」에서

작가에게 자연은 언제나 모든 생명현상의 원천으로 인식된다. 문명의 산물은 언제나 경직되고 정체되어 있지만, 자연의 산물은 끊임없이 생동하고 재생한다. 산업화와 현대화로 인하여 필연적으로 야기된 농촌사회의 파괴는 사회적 상황과 불가분의 관계를 맺는 것으로 보인다. 외부의 급격한 삶의 상황 변화는 여태 유지되어온 전원과 농촌사회의 삶의 양식에 본질적인 변화를 초래하게 되었고, 그로 인해 새로운 삶의 가치는 불행을 맞지 않을 수 없게 된다. 작가가 문제 삼고 있는 것은 인간과 자연의 공동체적인 관계의 파괴로 인하여 야기된 복잡한 갈등 관계이다. 이런 문제의 제기는 자연 속의 인간, 그리고 인간 속의 자연을 올바르게 관계 짓는 것이 얼마나 중요한가를 인식하는 태도라고 할 수 있다.

5.

부진섭 수필의 의의는 전통적인 농촌사회가 간직하고 있던 자연과 인간, 인간과 자연의 모습을 집중적으로 조명하고 있다는 사실에 있다. 그의 작품은 사회발전의 과정에서 상실되고 파괴되어가는 자연의 소중함에 대한 인식을 전면적으로 다루고 있다. 또한 작가는 자연에 대한 무한한 동경을 나타냄과 아울러 과거의 전통적인 삶의 양식과 생활 태도를 소중히 생각하고 그 가치를 존중하고자 한다.

그러나 부진섭 수필이 자연과 전통적인 삶의 가치를 작중에서 빈번히 취급하며 존중한다고 해서 복고적인 가치관에 머물러 있는 것은 아니다. 작가가 강조하고자 하는 것은 진정한 인간적 삶의 가치는 자연과 시골의 전원적 생활 속에서 찾아질 수 있다는 인식이다. 사회발전의 과정에서 상실되거나 파괴되어가는 자연과 시골, 그리고 인간과 자연의 공생적 의미를 문학의 핵심적 주제로 삼고자 하는 것이다. 부진섭이 우리에게 제시해 주는 이런 의미와 문제점들은 오늘날과 같이 자연을 경제적 행위의 대상으로만 생각하는 현대인들의 '도구적 이성'에 대한 진지한 반성을 촉구하는 내용이기도 하다.

자연 존중의 생태적 사유는 자연과 인간, 자연과 문명이라는 이분법적 도식에서 벗어나 자연과의 근원적인 화해를 통해서만이 진정한 인간성 회복이 가능하다는 인식에 기초하고 있다. 이런 인식과 체험은 당대의 자연과 인간에 대한 것임은 물론이거니와 오늘날 우리들이 겪고 있는 가장 소중하고도 핵심적인 삶의 체험이기도 한 것이다. 이런 의미에서 부진섭의 수필은 자연과 인간의 올바른 관계에 기초한 생태적 삶의 가치가 얼마나 소중한 것인가를 잘 보여주고 있다.

부진섭 수필집

탐라의 풍경

인쇄 2018년 11월 20일
발행 2018년 11월 26일

지은이 부진섭
발행인 서정환
펴낸곳 수필과비평사
주소 서울시 종로구 삼일대로 32길 36(익선동 30-6 운현신화타워 빌딩) 305호
전화 (02) 3675-3885 (063) 275-4000 · 0484
팩스 (063) 274-3131
이메일 shina2347@naver.com essay321@hanmail.net
출판등록 제300-2013-133호
인쇄 · 제본 신아출판사

저작권자 © 2018, 부진섭
이 책의 저작권은 저자에게 있습니다. 서면에 의한 저자의 허락없이 내용의 일부를 인용하거나 발췌하는 것을 금합니다.
COPYRIGHT © 2018, by Boo Jin sub
All right reserved including the rights of reproduction in whole or in part in any form.
저자와 협의, 인지는 생략합니다.
잘못된 책은 바꿔 드립니다.

ISBN 979-11-5933-189-3 03810

값 13,000원

이 도서의 국립중앙도서관 출판시도서목록(CIP)은 서지정보유통지원시스템 홈페이지(http://seoji.nl.go.kr)와 국가자료공동목록시스템(http://www.nl.go.kr/kolisnet)에서 이용하실 수 있습니다.(CIP제어번호 : CIP2018037945)

Printed in KOREA